Meditação em ação para crianças

Susan Kaiser Greenland

Meditação em ação para crianças

Como ajudar seu filho a lidar com o estresse
e a ser mais feliz, gentil e compassivo

Tradução
Renata Pucci

Teresópolis RJ
2019

LÚCIDA LETRA

Copyright © 2010 by Susan Kaiser Greenland
(The Mindful Child)
Copyright desta edição © 2016 Editora Lúcida Letra

Publicado sob contrato com a editora original, Atria Books, uma divisão da Simon & Chuster Inc.

Coordenação editorial: Vítor Barreto
Tradução: Renata Pucci
Preparação de texto: Lia Beltrão e Vinícius Melo
Projeto gráfico de capa e miolo: Bibi | Studio Creamcrackers
Revisão de conteúdo: Isabella Ianelli
Revisão: Thaís Lopes, Joice Costa

1ª edição, 11/2016
1ª reimpressão, 01/2018, 2ª reimpressão, 10/2019

Dados Internacionais de Catalogação na Publicação (CIP)

G814m Greenland, Susan Kaiser.
 Meditação em ação para crianças : como ajudar seu filho a lidar com o estresse e a ser feliz, gentil e compassivo / Susan Kaiser Greenland ; [tradução Renata Pucci]. – Teresópolis, RJ : Lúcida Letra, 2016.
 252 p. : il. ; 23 cm.

 Inclui bibliografia.
 ISBN 978-85-66864-34-2

 1. Meditação para crianças. 2. Crianças - Formação. 3. Pais e filhos. 4. Administração do estresse em crianças. I. Pucci, Renata. II. Título.

CDU 242-053.2
CDD 649.6

Índice para catálogo sistemático:
1. Meditação para crianças   242-053.2

(Bibliotecária responsável: Sabrina Leal Araujo – CRB 10/1507)

Elogio à Meditação em ação para crianças

"Neste belo livro, Susan Kaiser Greenland dá aos pais maneiras práticas para manter vivas a curiosidade, a compaixão e a natureza atemporal da infância ao educar filhos dentro da alta tecnologia e do ritmo de vida frenético do século XXI."

> Susan L. Smalley, Ph.D., professora do Departmento de Psiquiatria da UCLA, fundadora do Mindful Awareness Research Center, Semel Institute of Neuroscience and Human Behavior.

"Susan Kaiser Greenland criou práticas diárias únicas e eficazes que podem ser usadas por educadores e pais para proporcionar experiências divertidas, fazendo com que crianças e adolescentes cultivem desenvoltura, foco e resiliência. Os leitores se encantarão com exemplos de vida inspiradores que estimulam a imaginação e nos inspiram a despertar nossas vidas para o poder da atenção plena como forma de promover a saúde, reduzir o estresse e viver a vida de modo mais compassivo."

> Daniel J. Siegel, médico, codiretor do **Mindful Awareness Research Center** da UCLA, diretor executivo do **Mindsight Institute** e autor dos livros **Mindsight** e **The mindful brain**.

"Susan Kaiser Greenland é incrível. Ela não só ensina crianças a focarem sua atenção de forma mais eficaz, segredo de como controlar suas próprias mentes: ela ensina crianças a se tornarem sábias muito antes da maioria compreender o valor da sabedoria. Este é um livro muito importante: qualquer pai e mãe que se preocupa em criar filhos bons e moralmente responsáveis deve lê-lo."

> Jeffrey Schwartz, autor de **The mind and the brain**, com Sharon Begley.

*Para Seth,
por me enxergar.*

Sumário

Introdução
O novo ABC: atenção, bem-estar e compaixão, **14**

1 Uma oportunidade:
utilize a ciência da consciência plena, **38**

2 Para começar:
compreenda e abasteça sua motivação, **57**

3 Tão simples quanto respirar:
comece com calma e relaxamento, **83**

4 Consciência refinada:
aprenda a prestar atenção, **115**

5 Consciência afetiva:
medite, fale, relacione-se e aja de forma atenta e compassiva, **140**

6 Consciência sensorial:
desperte para o mundo físico, **161**

7 Liberdade emocional:
libere-se de pensamentos e sentimentos destrutivos, **192**

8 Sintonizar-se com outras pessoas:
crie afinação entre pais e filhos, **214**

9 E pluribus unum – de muitos, tornar-se um:
viva como parte de uma comunidade, **232**

Epílogo
A partir daqui haverá dragões, **252**

Agradecimentos, **254**

Sumário de atividades

OS CINCO PORQUÊS 62

JOGO DA MENTE CLARA, 85

DE PERNAS CRUZADAS, 94

EXPLICANDO A ATENÇÃO PLENA À RESPIRAÇÃO PARA CRIANÇAS, 96

ALONGAMENTO DA ESTRELA DO MAR, 100

PÊNDULO, 106

BOLHAS NO ESPAÇO, 108

TIC-TAC, 109

MIRAR E SUSTENTAR, 119

CATA-VENTOS, 120

CONTAR RESPIRAÇÕES, 121

CONSCIÊNCIA DE MOTORISTA, 128

PASSE A XÍCARA, 129

JOGO DO OI, 139

UM ATO RADICAL DE BONDADE, 152

COMENDO UMA UVA-PASSA, 157

SOM NO JOGO DO ESPAÇO, 164

JOGO DO DEGELO, 169

O QUE ESTÁ ATRÁS DE MIM?, 172

JOGO DO KIM, 172

FAÇA UM DESENHO DO SEU QUARTO, 173

ESTRELA ESPECIAL, 174

SEPARAR FEIJÕES COM OS OLHOS FECHADOS, 176

JOGO DO OI – O QUE ESTÁ ENTRANDO ATRAVÉS DOS SEUS SENTIDOS NESTE MOMENTO?, 181

LIBERTANDO AS JOANINHAS, 191

CORRENTE DE MACACOS, 194

JOGO DO OI: O QUE VEM E VAI NA SUA MENTE NESTE MOMENTO?, 195

SINO DE ATENÇÃO PLENA, 196

UMA FITA AMARRADA AO DEDO, 197

LEMBRETE PARA RESPIRAÇÃO, 198

FÁBULA: O FAZENDEIRO E SEU FILHO, 202

IMITE O MOVIMENTO DE OUTRA PESSOA, 217

CASA DE ESPELHOS, 218

A ONDA, 219

REPITA A BATIDA, 219

GRANDE E PEQUENO, 219

JOGO DO PULA PULA, 220

CHACOALHE-SE, 221

O BARQUEIRO E OS SEIS BARCOS, 233

O CERVO FALANTE, 233

NÓS FAZEMOS BANDEIRAS DE DESEJOS CARINHOSOS..., 234

NÓS IMITAMOS DESEJOS CARINHOSOS..., 235

NÓS GIRAMOS DESEJOS CARINHOSOS..., 236

NÓS ESCREVEMOS POEMAS SOBRE DESEJOS CARINHOSOS..., 236

AMIGO SECRETO DE NATAL, 241

A PRINCESA GENTIL - CONTINUAÇÃO, 246

Introdução

O NOVO ABC: ATENÇÃO, BEM-ESTAR E COMPAIXÃO

QUE O MUNDO SEJA FELIZ
QUE O MUNDO SEJA LIMPO
QUE O MUNDO NUNCA ACABE
QUE O MUNDO SEJA ASSIM
QUE TUDO SE TORNE REALIDADE

Poema de desejos carinhosos de um aluno da escola primária **Inner Kids**[1].

Ao final da festa de aniversário de seis anos do meu filho, eu observava da janela da cozinha as crianças ainda presentes que brincavam no quintal. Uma amiguinha dele, nossa vizinha, fazia estrelas e piruetas em nosso gramado, que estava cheio de bexigas estouradas e vazias. Meu filho e um amigo sentaram-se na escada e folhearam um livro de desenhos que ele havia ganhado de presente. Era uma tarde tranquila e agradável.

De repente, a calma cessou: a porta da cozinha se abriu e meu filho e seu amigo correram para dentro, ambos quase chorando. Perguntei a eles o que havia acontecido de errado, mas eles estavam muito agitados e não conseguiam falar. Ninguém estava em perigo, mas os meninos tinham entrado em casa em um estado tal que não conseguiam se acalmar. Peguei o enfeite de globo de neve da estante e dei corda na caixa de música que fica na sua base. Balancei o globo de neve, coloquei-o sobre a mesa, pus a mão no meu abdômen e pedi aos meninos para colocarem as mãos sobre suas barrigas também. Juntos, sentimos nossa respiração mover para cima e para baixo, enquanto víamos a neve cair e assentar dentro do globo. O ami-

---

[1] Inner Kids (Crianças interiores, em tradução literal).

guinho do meu filho estava ofegante de tanto segurar as lágrimas. Quando a neve toda caiu no fundo do globo, eu o balancei de novo. Enquanto observávamos a água ficar transparente novamente, sentimos nossas respirações novamente. Logo conseguimos ver as figuras dentro do globo de neve surgirem e a respiração dos meninos havia se acalmado, seus corpos estavam relaxados e tranquilos. Agora nós poderíamos falar sobre o que os assustara.

Uso essa e outras técnicas similares de respiração para ajudar crianças a se acalmarem quando se sentem emocionalmente sobrecarregadas, e o poder transformador da respiração nunca deixa de me surpreender. Respirar é a coisa mais natural do mundo, é o fundamento de nossas vidas. Fazemos sem pensar, mas ao entrar em contato com o poder desse simples ato podemos gerenciar melhor o estresse e viver vidas mais felizes. O objetivo deste livro é ajudar você a ajudar seus filhos a fazerem simplesmente isso: perceberem o quanto estão atentos à própria respiração, ao mundo físico e às suas vidas interiores, e ajudá-los a desenvolver habilidades relacionadas à atenção. As crianças levarão essas ferramentas consigo a vida inteira.

É possível aprender muito ao prestar atenção à respiração dos pequenos. Quando minha primeira filha, Allegra, nasceu, fiquei mais atenta à respiração das pessoas ao meu redor. Na primeira vez que a segurei, observei-a respirar por um tempo e cada respiração me garantia que ela ficaria bem. Meu filho, Gabe, nasceu dois anos e meio depois, e ouvir sua constante inspiração e expiração era tão reconfortante para mim quanto o som da respiração de sua irmã. As respirações de Allegra e Gabe seriam suas eternas companheiras, assim como elas próprias se tornariam minhas companheiras. Utilizei o que havia aprendido com meus filhos para outros relacionamentos. Comecei a sentar-me com os membros da família que pareciam desamparados devido à sua juventude, velhice ou doença, e escutava o som de suas respirações, ouvindo em cada uma delas a promessa de que iríamos passar mais um dia juntos. Anos depois, olho para trás e reconheço esses momentos como instantes de consciência plena,[2] uma prática poderosa que mais tarde estudei formalmente.

A respiração de seus filhos é a porta de vaivém entre seus mundos interior e exterior. A maioria de nós sabe, intuitivamente que nos faz bem nos sintonizarmos com a nossa própria respiração, mas nos esquecemos que prestar atenção à respiração das outras pessoas nos permite saber como elas estão reagindo à experiência da vida. Se você se colocar como observador por um tempo, perceberá que a velocidade, profundidade, ritmo e intensidade da respiração de seus filhos mostram como eles se sentem e sinalizam até mesmo possíveis problemas de saúde. A respiração de seus filhos pode lhe oferecer um vislumbre de como estão suas vidas de dentro para fora. Você pode passar a ficar mais atento por meio de atitudes simples, como ficar um tempo no quarto deles para vê-los dormindo pacificamente e respirar com eles antes de acordá-los para a escola. Você também pode observar a respiração do seu cônjuge para ter uma noção do que ele ou ela está vivenciando e, então, sincronizar melhor seu ritmo com o dele ou dela. Você pode ainda se conectar profundamente com alguém da família que está bastante idoso ou que esteja doente, colocando de lado qualquer pensamento ou emoção de sua mente por apenas um momento e entrando em sintonia com a respiração daquela pessoa. Ao simplesmente desacelerar e observar a respiração das outras pessoas, é possível obter *insights* que de outro modo você não teria sobre seus mundos. E essa também é uma maneira de ter *insights* sobre seu próprio mundo.

---

2 N.T. A tradução de *"mindful awareness"* para o português suscita debate entre praticantes de meditação e estudiosos do tema. No contexto da prática exposta pela autora, *awareness* significa estar consciente ou, mais precisamente, saber o que está acontecendo, enquanto *mindful* descreve uma qualidade dessa consciência – a qualidade de não se perder, de estar atenta, presente, plena. Uma tradução mais literal do termo seria "consciência de estar atento" ou "consciência da atenção", mas acreditamos que a palavra "plena" talvez traduza melhor essa qualidade da consciência.

A respiração de seus filhos vai além de uma mensagem de seu mundo interior. Ela também lhe informa sobre o mundo exterior deles – por exemplo, sobre o relacionamento deles com você, com irmãos, com figuras de autoridade, com colegas e com a sociedade em geral. Você pode observar isso especialmente quando as crianças interagem com os amigos. Aprendi muito sobre minha filha observando-a praticar remo com sua equipe, que compete toda primavera em regatas por toda a Califórnia. O esforço físico intenso e a concentração dos atletas enquanto sincronizam as remadas é impressionante. A respiração dá força ao barco. Uma respiração, uma remada, junto a uma concentração focada, alimentada por anos de treinamento e de suor de muitas e muitas corridas. Cada remada pede foco ao momento presente (ao que está acontecendo exatamente agora), à sabedoria adquirida a partir de outras corridas (à experiência passada) e à determinação para colocar cada pedacinho do próprio esforço em direção a um objetivo comum (à meta de vencer a corrida). Quando a performance durante a corrida é positiva, normalmente os remadores estão completamente sincronizados uns com os outros, e a forma alerta, visceral e interligada com que trabalham juntos é um exemplo de consciência plena relacional.

Minha primeira experiência formal com a meditação da atenção plena foi em 1993, quando Allegra tinha dois anos e eu estava grávida de três meses de Gabe. Nós vivíamos em Nova York e eu era advogada interna da ABC Television, com uma vida feliz em família, amizades valiosas e um acordo moderno de divisão de trabalho que me permitia estar em casa com minha filhinha. A vida estava muito boa. Na verdade, extraordinariamente boa, até que recebemos uma mensagem do médico especialista em doenças internas, informando que meu marido, Seth, tinha linfoma estágio quatro. Nossa vida mudou em um piscar de olhos.

Precisávamos nos acostumar, entender tudo aquilo que estava acontecendo e gerenciar o estresse que estava por vir. Lemos livros e conversamos com amigos, até que Seth me levou a um centro Zen para me ajudar a lidar com minha preocupação através da meditação (a ironia disso tudo é que ele, que havia recebido o diagnóstico de câncer, é que estava me levando para ir fazer meditação). Depois de uma reunião de orientação, nós nos sentamos de pernas cruzadas sobre almofadas, encaramos uma parede branca vazia e começamos o processo de treinamento da mente. Naquele estranho silêncio, meus pensamentos eram ensurdecedores. Eu não conseguia permanecer parada.

Seth começou a quimioterapia, eu larguei meu emprego e nos mudamos de Manhattan para uma casa alugada no interior do Estado de Nova York. Esperávamos que um ritmo mais lento de vida fosse ajudar Seth a vencer o câncer – e ajudou. Nós comíamos alimentos orgânicos sempre que conseguíamos. Gabe nasceu, Seth se envolveu em um programa radical de terapia alternativa contra o câncer, e eu tentei meditar novamente.

Através dos áudios dos professores de meditação Jack Kornfield e Joseph Goldstein, aprendi uma prática budista conhecida como atenção plena da respiração.[1] A instrução clássica para esse tipo de meditação é:

> ... indo para a floresta, ao pé de uma árvore ou em uma cabana vazia, [você] senta, dobrando as [suas] pernas transversalmente, mantendo o [seu] corpo ereto, estabelecendo a atenção plena à sua frente. Sempre atento, [você] inspira, atento, [você] expira.[2]

Para pais, até mesmo o primeiro passo – encontrar um lugar tranquilo, com poucas distrações – pode ser um desafio. Mas, com alguma criatividade, é possível encontrar tempo para meditar, sendo este o fundamento da prática da atenção plena.

Uma de minhas palavras favoritas nos ensinamentos clássicos de atenção plena aqui nos Estados Unidos é *householder*[3], que, neste

---

3 N.T. Uma tradução literal da palavra *householder* para o português seria "chefe de família" ou "dono de casa".

contexto, significa "leigo", e é usada para designar aqueles que meditam, mas que não tomaram os votos monásticos budistas. A expressão reflete adequadamente a vida de pais que fazem malabarismos com suas responsabilidades, muitas vezes concorrentes entre si, e todos os dias confirmam o ditado "se você precisa que algo seja feito, peça ajuda para uma pessoa ocupada". De alguma forma, eles conseguem administrar filhos, empregos, deveres comunitários, e ainda frequentam encontros de pais na escola, preparam o almoço, ajudam os filhos em práticas esportivas, costuram as roupas que precisam de reparos e organizam esquemas de carona com as famílias de outras crianças. Pais e mães têm vidas tão ocupadas que pode parecer impossível encontrar um lugar tranquilo para meditar, mesmo que por um curto período de tempo. Porém, não importa quantas crianças e quantas responsabilidades tenhamos: ainda há espaço em nossos horários para meditar, apenas precisamos ser criativos para descobrir quando e onde. Pais e mães meditam em horários e lugares estranhos: sentados em uma almofada no quarto logo pela manhã, na mesa da cozinha enquanto os filhos mais novos tiram a soneca da tarde, na fila do trânsito ou em corredores de hospitais. Usamos o tempo que estiver disponível, em qualquer lugar e no horário que pudermos. Meditamos quando estamos sentados, quando estamos caminhando ou deitados, para que possamos levar a atenção plena desenvolvida durante a meditação formal para nossas vidas diárias. É difícil, mas podemos encontrar intervalinhos de tempo.

O próximo passo na respiração consciente é: "estabelecer a atenção plena à sua frente... sempre atento, [você] inspira, sempre atento, [você] expira." A expressão "sempre atento" pode ser confusa, especialmente porque existem várias conotações diferentes para a palavra atento, agora que a meditação foi introduzida na cultura leiga. Mas aqui vai uma descrição clássica da atenção plena que os iniciantes em meditação muitas vezes consideram útil: *a atenção plena é um espelho do que está acontecendo no momento presente.*

Em outras palavras, ao praticar a atenção plena, vemos a experiência da vida de forma clara, à medida que ela acontece, sem uma carga emocional. Aprendemos a fazer isso ao sentirmos a experiência do momento presente, conforme ele acontece, sem analisá-la (pelo menos por enquanto). Perceber algo e *não* analisar ou pensar sobre o que significa é uma ideia radical para a maioria das pessoas. Exige acalmar os pensamentos, emoções e reações deixando a mente fora do caminho, de modo a assimilar informações do mundo interior e exterior e enxergá-los de forma límpida, sem o filtro de noções preconcebidas. E é possível realizar essa tarefa ao que tudo indica impossível simplesmente se concentrando na sua respiração.

> Mantenha sua mente focada em sentir a sua respiração enquanto ela se move da ponta de suas narinas para dentro do seu peito e novamente de volta para fora. Se a sua mente vagueia – o que costuma acontecer –, não há problema, está tudo bem. Quando perceber que ela vagueou, traga-a de volta para sentir o movimento de sua respiração. Inspire, expire. Deixe todo o resto desaparecer na duração de uma respiração e sinta o que é estar vivo agora, no momento presente.

Essa e outras técnicas similares de meditação têm sido praticadas há milhares de anos pelas principais religiões e tradições contemplativas. Essas práticas desenvolvem sistematicamente a atenção, ao mesmo tempo que incentivam a bondade, a compaixão e o autoconhecimento. A prática da consciência plena promove bem-estar físico e mental, bem como um desenvolvimento ético e de caráter, afirmação reforçada por dados crescentes das principais universidades do mundo. Há um grande número de pessoas que acham que a prática da atenção plena as deixa mais felizes. A prática da atenção plena me ajudou a reconhecer padrões nada saudáveis no meu modo de pensar e a lidar com a experiência da vida sem me julgar tão duramente. Também me mostrou o caminho para um estado de bem-estar transcendente que eu já havia sentido, mas que não sabia como acessar de forma intencional até ter aprendido a meditar.

Ao perceber os benefícios da atenção plena em minha própria vida, me perguntei se essa prática poderia beneficiar meus filhos. O quanto a infância deles poderia ser melhor se eles pudessem usar técnicas de percepção da atenção adequadas à sua idade? No entanto, logo descobri que, enquanto havia centenas de lugares onde adultos podiam receber formação leiga, assim como livros de qualidade sobre o assunto, naquela época³ não havia nenhum curso ou livro sobre o ensino da prática de atenção plena para as crianças. Ocorreu-me que talvez eu pudesse adaptar as técnicas de atenção plena que praticava e torná-las adequadas à minha família.

Comecei desenvolvendo práticas simples e ensinando-as a Gabe e Allegra. Não havia absolutamente nada de científico no que eu estava fazendo, mas as crianças estavam interessadas e logo senti uma mudança nelas. Se você perguntasse a elas se estavam praticando atenção plena, elas diriam que não. Entretanto, ambas utilizavam o foco na respiração para ajudá-las a se acalmarem quando estavam muito agitadas ou chateadas. Ambas se tornaram menos reativas a pequenas e grandes irritações. Alguma coisa estava funcionando, então resolvi ficar um pouco mais ousada. Encontrei-me com o diretor do Boys and Girls Club⁴, em Santa Mônica, Califórnia, no outono de 2000, e me ofereci como voluntária durante duas horas por semana na creche, após o horário das aulas. Inicialmente, o diretor foi relutante (e não é de se admirar, uma vez que eu não tinha credenciais científicas naquela época), mas depois concordou e comecei a improvisar aulas na sala de artes. Minha amiga, a terapeuta de dança Dra. Suzi Tortora, que ensina respiração consciente e movimento para crianças, veio de Nova York para uma visita e me ajudou a incorporar movimentos conscientes nas aulas. Durante esse período, desenvolvi muitas das práticas que ensino hoje.

Em 2001, outro amigo, Steve Reidman, professor de uma escola pública em Los Angeles, ficou sabendo do que eu estava fazendo e me pediu para trabalhar com os alunos dele. Ele tinha

---

4 N.T. Boys and Girls Club: Clube de Meninos e Meninas, em tradução literal.

uma turma particularmente turbulenta e estava à procura de qualquer ajuda externa que pudesse auxiliá-lo a gerenciar a situação. Os alunos de Reidman abraçaram o programa e, para a surpresa de todos, algumas das crianças até começaram a levar as práticas para casa e ensiná-la a seus pais. Minha história favorita daquele ano, que desde então tem sido muitas vezes repetida por pais de crianças de diferentes cidades, foi compartilhada pela mãe de uma menina de dez anos. Ela relatou que, enquanto levava os filhos para a escola durante a hora do rush, pela manhã, o trânsito parou. A mãe ficou compreensivelmente irritada, buzinando para os outros carros e tentando freneticamente encontrar notícias sobre o tráfego no rádio, quando, do banco de trás, uma voz fininha disse: "Mamãe, faça três respirações profundas, isso vai te acalmar." A mulher seguiu o conselho da filha e sua tensão diminuiu. Isso não evitou que chegassem atrasados, mas todos chegaram consideravelmente menos estressados do que o habitual. Naquele dia, a prática da consciência plena ganhou uma nova adepta no corpo de pais da escola.

O apoio ao programa seguiu crescendo e, ao final do primeiro ano, alunos, professores, pais e gestores consideraram o projeto um sucesso. O clima da sala de aula tinha melhorado significativamente, e Reidman atribuía esse progresso, pelo menos em parte, à atenção plena. Voltei para a classe de Reidman no ano seguinte e, lentamente, através do boca a boca, professores e gestores de outras escolas me pediram para ensinar a prática.

Ensinar a consciência plena em escolas é profundamente gratificante e tem o potencial de gerar um impacto positivo em larga escala em nossa sociedade. Esse benefício, no entanto, mesmo que excelente, é diferente do benefício que é gerado para as crianças quando seu sistema familiar inteiro pratica a consciência plena. Quanto mais eu trabalhava com as escolas, mais eu reconhecia as limitações inerentes ao trabalho com crianças cujas famílias não praticavam o método dentro de seus sistemas familiares. O psicoterapeuta e professor de meditação Trudy Goodman e eu começamos um pequeno programa dirigido à família em meu quintal a fim de trabalhar diretamente com pais e filhos.

A maioria dos pais que me procuram espera que seus filhos cresçam e se tornem pessoas que, mesmo durante as situações mais estressantes ou perturbadoras, optem por dar-se tempo suficiente para desenvolver uma perspectiva capaz de ajudá-los a tomar decisões adequadas e produtivas. Eles querem que seus filhos vivam vidas mais felizes. Alguns desses pais veem a atenção plena como uma prática espiritual. No entanto, a maioria apenas deseja ajudar os filhos a desenvolver habilidades para a vida, como forma de:

- ver a experiência com curiosidade e mente aberta;
- acalmar-se quando estiverem com raiva ou chateados;
- concentrar-se e ignorar distrações;
- enxergar de forma clara e objetiva o que estiver acontecendo dentro e em torno deles, com outras pessoas e com o ambiente;
- desenvolver compaixão;
- desenvolver qualidades sociais, como paciência, humildade, felicidade pelo bem dos outros, generosidade, empenho e equanimidade;
- viver com cuidado e em equilíbrio com outras pessoas e com o ambiente.

Alguns jovens têm dificuldade em aprender e aplicar essas habilidades de vida, mas a maioria é capaz de praticar a consciência plena quando recebe instruções claras e concretas, e quando vive em um ambiente que apoia esse aprendizado. Isso acontece especialmente quando as práticas são divertidas e quando as crianças começam a ver por si próprias como a atenção plena pode ajudá-las a navegar nas situações mais desafiadoras da vida real. Este livro vai mostrar como você e seus filhos podem desenvolver essas habilidades extremamente benéficas em sua própria casa.

Para escrevê-lo, me inspirei nos pais que me procuraram por acreditar que o treinamento da mente na atenção plena poderia ajudar nos problemas pelos quais seus filhos passavam. Uma das crianças, por exemplo, não tinha amigos e os pais não conseguiam entender o motivo. Outra estava começando a brigar na escola e seus pais estavam com medo de que a escola pudesse expulsá-la ou, pior, que ela prejudicasse seriamente outra criança ou a si mesma. Uma terceira criança tinha problemas para dormir e, muitas vezes, acordava no meio da noite e chorava sem saber o motivo ou como parar. Uma quarta criança sentia dores frequentes devido a uma doença, dores que eram agravadas pela tensão em seu corpo e mente. Outra parecia ser uma criança modelo, tirando o fato de que colocava tanta pressão sobre si mesma que entrava em colapso sempre que experimentava algo inferior à perfeição. Os pais dessas crianças estavam desesperados, dispostos a tentar qualquer coisa que tivesse a mais remota possibilidade de ajudar.

As histórias contadas ao longo deste livro são combinações hipotéticas das crianças com as quais trabalhei. Nomes reais ou pormenores não foram revelados. Vamos começar com Nick, Melody e Charlotte.

Nick, um aluno do quinto ano, me foi encaminhado por seu médico. Ele se queixava sobre ser infeliz, verdadeiramente infeliz, e com o tempo desenvolveu problemas digestivos e insônia. O médico tinha certeza de que nenhum transtorno médico inerente poderia explicar a tristeza de Nick, embora tanto ele quanto os pais admitissem que os seus problemas eram graves e que ele precisava de ajuda. Na época em que o conheci, seu desempenho escolar era problemático, assim como sua vida social. Quando sua mãe o buscava na escola, Nick frequentemente caía em lágrimas, dizendo que odiava sua vida, seus amigos, tudo e todos, menos sua família.

Conversei com ele sobre o motivo de sua infelicidade. Disse-me que não sabia o que estava exatamente errado, mas não conseguia colocar seus pensamentos negativos de lado. Como muitos adultos, ele nunca havia considerado a possibilidade de que uma pessoa poderia influenciar a maneira como reage aos próprios pensamentos e emoções. Nick acreditava que os pensamentos, positivos ou negativos, apenas vinham à sua cabeça sem serem convidados e que havia pouco ou nada que pudesse ser feito sobre isso.

Melody havia sido diagnosticada com Transtorno do Déficit de Atenção e Hiperatividade (TDAH). Quando a conheci, ela tinha dificuldades em me olhar e, a tudo que eu dizia, dava respostas quase sempre indiferentes e sem pensar, independentemente de minha afirmação pedir ou não uma resposta. Supus que era assim que interagia com seus professores e amigos. Professores são treinados para entender esse comportamento, mas as outras crianças respondiam a essa impulsividade revirando os olhos ou rindo baixinho. Não que as observações de Melody fossem estúpidas. Na verdade, eram frequentemente perspicazes e inteligentes, mas ela tendia a oferecê-las com muito mais entusiasmo do que a situação exigia, sem o senso do ritmo ou da intensidade da conversa. Melody tinha poucos amigos e não era convidada para brincar com as crianças fora da escola, para o cinema ou festas de aniversário.

Charlotte, aluna do segundo ano do ensino médio, foi encaminhada a mim devido a dores de cabeça crônicas e debilitantes. Ela estava no meio de uma dessas dores intensas quando veio me ver. Enquanto sua mãe e eu conversávamos, Charlotte foi para um canto da sala e ficou ouvindo seu iPod e escrevendo em uma lousa. Sua mãe percebeu o que ela estava fazendo e gritou: "Charlotte, não faça nenhum esforço agora, pois isso só vai piorar sua dor de cabeça." Fiquei surpresa quando percebi que Charlotte estava deliberadamente alimentando a sua dor ouvindo áudios em mandarim em seu iPod e escrevendo frases no mesmo idioma na lousa.

Nem Charlotte, nem ninguém de sua família era chinês. Ela estava aprendendo mandarim porque esperava que a fluência em uma língua estrangeira influenciasse sua candidatura a uma vaga na faculdade. Sua mãe tinha feito tudo o que podia para convencer a filha a fazer uma pausa nos estudos, mas nada havia funcionado. Charlotte insistia em acreditar que, em tudo o que ela tentava fazer, havia apenas duas opções: perfeição absoluta ou fracasso vergonhoso.

Essas crianças eram pessoas inteligentes que, de alguma forma, se prenderam a uma forma exaustiva e pessimista de ver o mundo e de se relacionar com a experiência da vida. A consciência plena pode ajudar crianças como Nick, Melody e Charlotte a mudarem sua estrutura conceitual negativa para uma positiva. Mudar a maneira de pensar sobre as coisas e de reagir a eventos da vida exige trabalho duro, prática, um forte exemplo e orientação. Mas, com o esforço adequado, um ambiente de apoio e um pouco de sorte, o processo se realizará e a mudança acontecerá naturalmente. O primeiro passo nesse processo é aprender a reconhecer a sua estrutura conceitual e depois, se necessário, trabalhar em desmontá-la a fim de obter uma leitura mais precisa sobre o que está acontecendo dentro, para e ao redor de você. É aí que a prática da consciência plena pode ser bastante útil para quem está no ponto de desenvolvimento certo.

Duzentos e cinquenta anos atrás, Aristóteles observou que "nós somos aquilo que fazemos de forma repetida", e o mesmo aplica-se aos dias de hoje. O que pensamos, dizemos e fazemos hoje influenciará o que pensaremos, diremos e faremos amanhã. É fácil desenvolver padrões habituais de fala, comportamento e pensamento sem que se perceba. A atenção plena na respiração, quando praticada corretamente, ajuda a desenvolver uma capacidade de atenção estável e forte, capaz de reconhecer esses padrões. Antes de alterá-los, é preciso que você perceba se tem ou não tendências ou padrões de comportamento que gostaria de mudar.

Ao praticar a atenção plena, as crianças aprendem habilidades que ajudam elas mesmas a se acalmarem, a trazerem consciência para sua experiência interna e externa, e a agregarem uma qualidade reflexiva para suas ações e relacionamentos. Viver dessa maneira ajuda as crianças a se conectarem consigo mesmas (o que eu sinto? o que penso? o que vejo?), com os outros (o que eles sentem? o que pensam? o que veem?) e talvez com algo maior do que elas próprias. Essa é uma visão de mundo em que tudo é visto de forma interligada. Quando as crianças entendem que elas e aqueles a quem amam estão de algum modo conectados a todas as pessoas e a todas as coisas, um comportamento ético e socialmente produtivo surge naturalmente, e elas também se sentem menos isoladas – um problema comum entre crianças e adolescentes. Em um mundo onde os mais populares *reality shows* da televisão envolvem ridicularização e duras críticas aos concorrentes, não é de se admirar que as crianças muitas vezes façam pouco caso de valores antiquados como bondade, compaixão e gratidão. No entanto, na prática da atenção plena, essas qualidades são altamente valorizadas. Como as crianças aprendem a ter consciência do impacto de suas ações e de suas palavras nos outros, passam a considerar as outras pessoas ao estabelecer metas e planejarem algo e também se tornam mais propensas a serem gentis com elas mesmas nos momentos de fracasso (reais ou não).

Um equívoco comum sobre a atenção plena é pensar que trata-se exclusivamente de sentar em silêncio e meditar. Mas isso não poderia estar mais distante da verdade. A introspecção é um elemento essencial para uma compreensão clara e imparcial da experiência da vida, mas para que servirá essa habilidade se as crianças não puderem usá-la em situações da vida real? As habilidades da atenção plena demonstram seu mais alto valor no momento em que as crianças percorrem o mundo cotidiano, oferecendo a elas e aos adolescentes um roteiro para planejar, organizar e refletir sobre problemas complexos. Isso os ajuda a definir o que querem (ou precisam) fazer e a estabelecer a elaboração de um plano a ser executado.

Capítulos 1 a 4:
Os blocos de construção da atenção plena

A prática da atenção plena é um trabalho sério com implicações importantes para a saúde em geral e o bem-estar a longo prazo, mas, acima de tudo, é uma atividade prazerosa, que pode ser apresentada de forma divertida e eficaz. Nos capítulos de 1 a 4, vou compartilhar atividades e exercícios através dos quais pais e filhos poderão aprender técnicas relaxantes baseadas na atenção plena e desenvolver habilidades fortes e estáveis de atenção – os chamados blocos de construção da atenção plena. O capítulo 1 focará na ciência e na teoria por trás desta prática, além de maneiras de explicar a atenção plena para crianças.

É fácil levar esse assunto um pouco a sério demais e esquecer que a própria diversão presente nessa jornada é uma qualidade curativa, útil e produtiva. Por isso, os capítulos 2, 3 e 4 estão cheios de jogos, músicas, imagens e poemas que, em minha opinião, são eficazes no desenvolvimento das habilidades de atenção plena. Por exemplo, quando uma criança está chateada ou existe um conflito familiar, vocês podem cantar uma canção sobre respirar juntos ou ela pode acalmar-se colocando um bicho de pelúcia em sua barriga e brincando de fazê-lo dormir. Cantar músicas e brincar com jogos relacionados à atenção plena são formas divertidas de ajudar crianças a desenvolverem habilidades de atenção e entenderem como a consciência plena pode ajudá-las a se autorregular. É também uma ótima maneira de iniciar um momento de introspecção.

Um dos maiores desafios para aqueles que meditam é colocar os pensamentos de lado e permanecer em sua experiência do momento presente. Nós pensamos na maior parte do tempo, e colocar isso de lado pode ser difícil. Mas quando estamos nos divertindo, tendemos a colocar os pensamentos de lado automaticamente. Jogar e cantar ajuda as crianças (e adultos) a se libertarem de sua estrutura conceitual, e essas atividades são uma introdução fantástica para a prática de meditação. De forma prática, antes de meditar, tende a ser mais fácil para os recém-chegados parar de pensar naturalmente, através de jogos, do que parar de pensar intencionalmente após se sentarem sobre uma almofada.

Se você está se perguntando "Mas como posso incentivar meu filho a fazer isso?", aqui está minha sugestão para iniciantes:

> Concentre-se na **sensação** de sua respiração enquanto ela se move em seu corpo. Se sua mente divagar, é perfeitamente natural; apenas traga-a de volta para a sensação física de sua inspiração, de sua expiração e da pausa entre as duas. Lembre-se, não pense sobre sua respiração nem a altere de forma alguma, apenas sinta como ela está agora e descanse.

Capítulos 5 e 6:
A experiência da vida vista e compreendida de forma clara

Nos capítulos 5 e 6, incentivo crianças e adolescentes a usarem suas habilidades de atenção e consciência da respiração para ajudá-los a entender melhor o que está acontecendo dentro e ao redor deles. Quando um desconforto mental e físico aparece, eu os convido a fingir que são cientistas estudando uma espécie rara (eles mesmos!), sentindo o que acontece com suas mentes e corpos como resposta. Eles usam sua curiosidade inata para entender melhor o desconforto e, a princípio, tudo o que fazem é senti-lo. Será que o desconforto muda ou se mantém igual? Será que se move ou permanece em um só lugar? Existe uma conexão entre as coisas que eles fazem ou dizem e como se sentem? Existe uma conexão entre a forma como se sentem e as coisas que fazem ou dizem? Frequentemente, desconfortos físicos e mentais diminuem pelo simples fato de parte dessas crianças e adolescentes experienciá-los com o olho de um cientista curioso, mas imparcial. O Dr. Jeffrey Schwartz, da Universidade da Califórnia, em Los Angeles, descreve essa perspectiva científica não reativa como a de um espectador imparcial. Ao trabalhar com crianças, enfatizo que essa perspectiva também é lúcida e compassiva. Não peço que ignorem realidades desagradáveis, mas que reconheçam que pode haver muita coisa que não sabem sobre pessoas e situações que parecem difíceis ou injustas.

A história "A Bela e a Fera" ajuda as crianças a compreenderem que as coisas nem sempre são o que parecem ser. A Fera é terrível no início da história, mas com o passar do tempo a Bela vê uma Fera gentil debaixo da aparência assustadora. A revelação final vem quando a Bela descobre que um feitiço cruel prendeu um príncipe no corpo do animal durante todo esse tempo e somente sua escolha de se casar com ele pode libertá-lo. Bela percebe que não pode julgar uma pessoa pela aparência. Em outras palavras, não é de se admirar que a Fera estivesse tão irritada antes! A prática da atenção plena ajuda as crianças a enxergarem além da superfície das feras em suas próprias vidas, aprendendo a abordá-las com uma mente aberta, curiosidade e compaixão.

Quando as crianças aprendem a estabilizar a atenção, a ênfase desloca-se para a observação da experiência interior (pensamentos, emoções e sensações físicas) sem analisá-la. Em outras palavras, sem rotular a experiência como boa ou ruim. Por exemplo, Melody notou que possuía o hábito de querer responder a qualquer pergunta independentemente do que se tratava. Ela não julgou o hábito como bom ou mau, apenas olhou para ele e prestou atenção em como se sentia quando não era chamada para responder. Incentivei Melody a notar como se sentia cada vez que ela queria responder a uma pergunta, prestando atenção às sensações em seu corpo. As ações e reações da Melody evoluíram ao longo do tempo, mas primeiro ela precisou fazer uma conexão entre o que estava acontecendo em sua mente, corpo e comportamento.

Nick, Melody e Charlotte identificaram as conexões entre seus sentimentos e diferentes aspectos de suas vidas. Nick foi capaz de compreender que sua solidão e tédio estavam relacionados aos seus sentimentos de tristeza e Charlotte reconheceu que trabalhar duro nem sempre fazia com que se sentisse melhor sobre si mesma – na verdade, muitas vezes fazia com que ela se sentisse pior, visto que a tensão desencadeava as dores de cabeça crônicas. Nick e Charlotte fizeram essas observações sem a dor emocional do julgamento. As três crianças abriram-se mais com seus pais e falaram sobre suas preocupações, medos, objetivos e aspirações.

Capítulos 8 e 9:
Usando a atenção plena na vida real

Nos capítulos 8 e 9, crianças e adolescentes utilizam o que aprenderam durante a prática da atenção plena para melhor compreender o mundo exterior e como fazem suas escolhas nele. Ao prestarem bastante atenção ao que fazem durante todo o dia, crianças e adolescentes podem descobrir hábitos de suas mentes (por exemplo, procrastinação, otimismo ou pessimismo) e de seus corpos (por exemplo, se são ativos ou sedentários). Assim, as crianças podem reconhecer melhor como esses comportamentos afetam suas vidas e compreender mais adequadamente que algumas práticas, como a bondade, têm mais chances de levar à felicidade do que outras.

Nick percebeu que tinha a tendência de não escolher o que gostaria de fazer, mas que, ao contrário, dependia que seus pais escolhessem por ele. Nick reconheceu que também não escolhia seus amigos, mas saía com quem estivesse disponível. Então ele decidiu se concentrar no que gostava de fazer e em encontrar amigos que compartilhassem seus interesses. Melody percebeu que levantar a mão cada vez que um professor fizesse uma pergunta (mesmo quando não tinha certeza da resposta) era apenas um hábito. Seu professor da escola e seus pais encorajaram-na a levantar a mão de forma mais deliberada. O professor reforçou o comportamento auto-regulatório de Melody elogiando-a assim que percebeu que ela havia pensado em sua resposta com cuidado antes de levantar a mão. Melody tornou-se mais reflexiva quando aprendeu a levantar a mão intencionalmente, em vez de automaticamente. Charlotte percebeu que sua compulsão por estudar era um hábito. Sem pensar, ela estudava sempre que tinha a chance.

Uma vez que Charlotte percebeu que estava estudando automaticamente, não intencionalmente, começou a pensar em como queria passar seu tempo. Ela adorava jazz e gostaria de saber tocar bem a flauta nesse ritmo. Então decidiu ouvir mais jazz e praticar o instrumento, em vez de se ocupar mais do que o necessário com os estudos.

Ao desacelerarem para sentir o que estava acontecendo em seu mundo interior e exterior de forma objetiva e compassiva, e, em seguida, agir conscientemente, Nick, Melody e Charlotte reconheceram que não eram vítimas indefesas de seus próprios processos automáticos de pensamento e que poderiam controlar como respondiam às situações, mesmo que não pudessem controlar a situação em si. Depois que Nick descobriu mais interesses e amizades que lhe faziam feliz, ele também se tornou mais resiliente e percebeu, para seu grande alívio, que seus pais ficaram mais tranquilos.

Mesmo sendo apenas uma aluna do ensino fundamental, Melody começou a constatar que havia uma conexão entre seu entusiasmo exagerado e o fato de seus colegas de classe se distanciarem dela. Lentamente, ela passou a detectar o momento em que perdia o controle de suas ações e, muitas vezes, foi capaz de acalmar a si mesma através da atenção plena à respiração. Logo, Melody se viu notando sinais que costumava perder antes e, mais importante, já não precisava tentar ganhar a aceitação dos colegas. Em pouco tempo, Melody encontrou novos amigos que eram igualmente entusiasmados e cuja aprovação ela não precisava conquistar.

Charlotte decidiu não se envolver em tantas atividades nem se dispersar em várias direções e percebeu que ao dedicar-se seletivamente ela teria mais chances de se destacar em uma ou duas áreas de sua escolha. Mais tarde, ela ficou sabendo que essa era uma das características que os conselheiros de universidades procuravam em um candidato. Ao libertar-se da tirania criada por sua própria necessidade de ser a melhor em tudo, Charlotte tornou-se mais feliz, confortável e tranquila com amigos e familiares, e passou a sair com amigos com mais freqüência para se divertir. Não é de se estranhar que suas dores de cabeça tenham passado a ser menos frequentes e debilitantes.

Através da prática da atenção plena, Nick, Melody e Charlotte começaram a ver a vida através de uma lente distinta, e tornaram-se menos autocentrados e mais conectados às outras pessoas. Muitos estudantes da atenção plena descobrem e concordam com essa premissa. Por exemplo, um estudante do ensino médio escreveu: "Com atenção plena, percebi que nem tudo gira em torno de mim. Eu sabia disso antes, mas agora é muito mais fácil saber que eu posso ser quem eu sou, mesmo não sendo o centro do mundo." Grandes pensadores, cientistas, estadistas, artistas, professores, pais e outros cidadãos proeminentes compartilham dessa visão, que é uma perspectiva da qual todos nós precisamos a fim de pensar de forma criativa no nosso mundo complexo e em constante transformação.

O novo ABC: atenção, bem-estar e compaixão

Todo movimento tem seu momento de avanço quando já não precisa mais justificar sua mensagem. O treinamento da consciência plena para crianças atingiu esse momento. Ao aderir a uma maneira de ser mais reflexiva e introspectiva com as ideias da psicologia moderna e da neurociência, podemos aprimorar a maneira como ensinamos nossos filhos. O tradicional ABC da leitura, escrita e aritmética que nos serviram bem durante gerações já não nos servem completamente. Ajudar a criança a construir fortes habilidades acadêmicas é fantástico, mas esse é apenas um dos muitos elementos para uma educação coerente. Temos visto meninos e meninas com bom desempenho acadêmico, mas que vivem em uma luta social e emocional. Temos visto o custo do estresse na saúde e no bem-estar de muitas crianças. Em resposta, o foco da educação extrapolou os limites acadêmicos para atender à criança como um todo. O objetivo do treinamento laico da mente é que crianças e adolescentes aprendam habilidades acadêmicas, sociais e emocionais de forma equilibrada. A prática clássica da atenção plena diz respeito ao cultivo de três áreas: atenção, sabedoria e valores. Adaptadas para o uso laico com crianças e adolescentes, eles são o novo ABC da aprendizagem: atenção, bem-estar e compaixão. Ao aprender tanto as habilidades da atenção quanto uma visão de mundo compassiva, as crianças são introduzidas às ferramentas que podem ajudá-las a viver uma vida equilibrada.

Um movimento internacional para a criação de filhos e educação com atenção plena está ganhando espaço em cidades tão diversas quanto Lancaster (Pensilvânia), Wooster (Massachusetts), Boulder (Colorado), Oakland (Califórnia), Kalamazoo (Michigan) e Los Angeles (Califórnia), e em outros países como Singapura, Irlanda, Inglaterra, Alemanha, México e Austrália. Outras abordagens ensinam formas produtivas e saudáveis de ser, mas não dispõem de um elemento crítico da consciência plena: a forma não reativa, confiante e compassiva de estar alerta e aberto a uma experiência enquanto ela ocorre. Ao dar-se espaço para respirar por tempo suficiente para perceber o que está acontecendo em seu mundo interior e exterior, as crianças podem identificar tanto seus talentos quanto seus desafios utilizando técnicas de atenção plena. O resultado depende das capacidades de desenvolvimento de cada um (crianças mais novas têm limitações no que podem fazer de acordo com seu amadurecimento físico e emocional), mas aqueles que praticam a atenção plena podem gerar um senso de bem-estar e uma mente calma e concentrada capaz de atuar com criatividade, felicidade, tolerância e compaixão. Com essas mentes, as crianças têm conhecimento extra para definir o que querem fazer e atingir as metas que estabelecem para si próprias. Com essas mentes, as crianças estarão prontas para mudar o mundo para melhor.

Os Estados Unidos estão defasados em relação a outros países ricos nas questões de saúde, educação e bem-estar geral infantil. Pais e cidadãos estão alarmados, mas o clamor público está emudecido. Muitos americanos estão ocupados demais lutando para manter suas famílias unidas e suas cabeças acima do nível da água para dar início ou até mesmo participar de algum movimento de reforma.

Oprimidos pelos problemas sociais, econômicos, ambientais e geopolíticos que o país enfrenta, muitos estão desencorajados e sentem que, seja qual for sua contribuição, não terá a menor importância, não fará diferença alguma. Porém, fará sim.

A atenção plena é uma oferta de esperança. No século passado, nossas maiores figuras públicas incorporaram paz, compaixão e sabedoria: Martin Luther King Jr., Mahatma Gandhi, Madre Teresa, Dalai Lama, Robert Kennedy, Nelson Mandela e, mais recentemente, Aung San Suu Kyi. Embora bastante diferentes entre si, esses indivíduos têm muitas características em comum: reflexão, coragem, compaixão, moralidade, perseverança, vigor, pensamento crítico, empatia – todas qualidades adquiridas por meio da introspecção.

Talvez os progressos recentes mais animadores tenham ocorrido no campo da ciência da atenção plena. Através de rigorosos estudos em importantes universidades, os cientistas mostraram como a prática sistemática e deliberada da meditação pode modificar fisicamente o cérebro adulto de maneira benéfica e objetivamente quantificável. É claro, esses pesquisadores estão apontando para algo que muitos pais sabem intuitivamente – que existem benefícios psicológicos e éticos na reflexão e na introspecção. Se você ainda não tem uma prática de meditação regular, sinta-se incentivado a desenvolver uma. Você pode influenciar a sua própria paz de espírito com isso.

Juntos na atenção plena

Por milênios, poetas, contemplativos, músicos, artistas e escritores tentaram, de várias maneiras, formas e cores, expressar a natureza essencial da mente. Meu palpite é que há duas coisas sobre as quais todos eles concordariam: que a mente não pode ser capturada ou explicada com palavras (como diz o clássico ensinamento taoista: "Tao que pode ser verbalizado não é Tao"), e que o caminho para compreender a natureza da mente é por meio da experiência pessoal direta.

Entender a natureza da mente não acontece apenas a partir do intelecto, mas através do equilíbrio entre a compreensão intelectual e a experiência meditativa. A sua prática de meditação não precisa ser complicada, demorada ou formal para que você sinta todo o seu potencial. Por isso, incluí práticas curtas para você experimentar. Elas se destinam a ser trampolins para a sua própria experiência introspectiva. Também incluí maneiras simples de adaptá-las para que você e seu filho possam praticar juntos. Primeiro, pratique sozinho os exercícios adultos e, em seguida, junto com seu filho. Dessa maneira, sua própria experiência de meditação permitirá que a prática de atenção plena floreça quando praticarem juntos.

Então, vamos começar praticando a consciência plena e, dando o melhor de nós mesmos, vamos ajustá-la às nossas capacidades a fim de transmitir os benefícios incríveis da atenção plena para a próxima geração. E que possamos nos divertir enquanto fazemos isso!

1. Uma oportunidade: utilize a ciência da consciência plena

Que em minha família haja completa felicidade
Que minha família esteja segura
Que em minha família não haja briga
Que minha família permaneça unida
Que todos em minha família uns amem aos outros
Que em minha família haja gentileza
Que todos em minha família cuidem uns dos outros
Que eu tenha muitos amigos
Que eu esteja seguro e conheça muitas pessoas boas
Que eu realize todos os meus desejos

Aluno do quinto ano

No início da década de 2000, ensinei a prática da atenção plena no *Santa Monica Boys and Girls Club*. Muitas outras atividades aconteciam ao mesmo tempo: sinuca, totó, basquete, vários projetos de arte etc. Então, em princípio, não havia muitas crianças interessadas na minha aula, mas as poucas que havia mudaram a minha vida.

Um menino de sete anos, ruivo e sardento, chamado Ezra e sua amiga travessa, Hannah, eram assíduos em sala de aula. Eles raramente estavam separados. Nas tardes de quarta-feira, eu montava um acampamento no chão da sala de arte com almofadas, sapos de borracha, cronômetros e quebra-cabeças. As crianças iam e vinham quando queriam, sem serem pressionadas a participar. Hannah e Ezra corriam para dentro e para fora do grupo também. Nenhum dos dois achava fácil concentrar-se por muito tempo ou permanecer sentados confortavelmente por mais de alguns minutos.

Após seis meses de aula, uma professora do programa de atividades pós-aulas veio assistir a uma das minhas lições. Ela estava cética sobre as crianças permanecerem sentadas e se concentrarem no ambiente ruidoso do *Boys and Girls Club*, mas o diretor disse ter notado uma mudança na atitude e no comportamento de um menino de nove anos, uma nova "calma e não agressividade" que era o "oposto do que ele anteriormente apresentava", e ela queria conferir. O diretor tinha descrito a prática de consciência plena como "divertida e pacífica" e a aula como "diversão com um propósito".

Ela e eu estávamos conversando depois da aula quando Ezra entrou na sala de artes. Ele estava em um estado particularmente agitado, até mesmo para os seus padrões. Minha visitante deu uma olhada e disse: "Não há maneira de fazer esse garoto meditar. De jeito nenhum." Ela disse isso de forma bem-humorada, mas senti como se estivesse lançando um desafio, e eu adoro isso.

Ezra e eu fomos até as almofadas de meditação e sentamos um de frente para o outro. Coloquei um sapo verde de plástico no chão entre nós, junto com um grande cronômetro de plástico. Ezra não precisava de qualquer instrução, pois tínhamos feito isso muitas vezes antes. Cliquei no botão de início do cronômetro certificando-me de que estava visível para ele, para que pudesse verificar o tempo por conta própria. Ele colocou a mão sobre a barriga dele, eu coloquei minha mão sobre a minha, e nós dois sentamos calmamente respirando, concentrando-nos na sensação do movimento do abdômen contra nossas mãos conforme elas subiam e desciam. Nenhum de nós disse uma palavra. Meu trabalho era simplesmente sentar e acompanhá-lo enquanto ele assumia a liderança; o dele era concentrar-se em sua respiração para excluir todo o resto que acontecia ao seu redor, enquanto estivesse confortável nessa situação. Quando Ezra quisesse parar, tudo o que precisava fazer era apertar o botão do relógio. Três, cinco, oito minutos depois, ainda estávamos sentados lá, um longo tempo para um adulto considerando o barulho e a distração da sala de artes, e uma duração extraordinária de tempo para um garoto de sete anos que se supunha ser hiperativo. Ezra apertou o botão de parada aos 11 minutos e 53 segundos. Eu não percebi isso na época, mas essa foi a sentença de morte para a minha carreira como advogada.

A professora visitante ficou encantada e deu um grande abraço em Ezra. Gostaria de poder dizer que ele saiu calmamente da sala, com foco em sua mente e corpo, mas não foi isso que aconteceu.

Ezra correu pulando com sua energia habitual e a professora fez uma pergunta que já ouvi inúmeras vezes: será que Ezra realmente meditou? Minha resposta, a mesma que dou até os dias de hoje, é que é difícil dizer. Algumas crianças podem meditar, outras não. A capacidade de meditar varia e está relacionada com a capacidade da criança de conduzir e manter a atenção. Se Ezra meditou ou não, isso não importa. O que importa é que ele estava desenvolvendo mais habilidades de atenção estável do que quando começou essa prática. Tais habilidades de atenção, por sua vez, permitiriam que Ezra olhasse para suas experiências de vida e para as experiências de outras pessoas de forma mais clara, com bondade e compaixão.

Desde as primeiras aulas no *Boys and Girls Club*, dez anos atrás, aprendi muito sobre atenção plena, educação, psicologia, sobre como o cérebro humano muda com o treinamento mental, e sobre como promover uma sintonia saudável entre adultos e crianças. As descobertas de todas essas disciplinas estão envolvidas com o que aconteceu comigo e com Ezra naquele dia.

Há 30 anos, quando era um cientista trabalhando na Universidade de Massachusetts, o Dr. Jon Kabat Zinn utilizou a prática da atenção plena como base para desenvolver um programa secular de redução de estresse para adultos, conhecido como MBSR – sigla em inglês para "redução do estresse baseada na atenção plena" (*Mindfulness Based Stress Reduction*). Em termos gerais, o Dr. Kabat Zinn ensinou adultos a adiarem, pelo menos por um curto período de tempo, a reação a ou a análise de uma situação estressante, e a repousarem na experiência que estivesse acontecendo a fim de enxergá-la de forma mais clara. E funcionou. Essa habilidade, quando aprendida, permitia que aqueles que praticavam a redução do estresse baseada na atenção plena controlassem melhor suas emoções reativas e, portanto, respondessem de forma mais cuidadosa, calma e razoável quando estivessem prontos. Quando comecei a praticar a atenção plena com crianças, meu objetivo era seguir o precedente estabelecido pela redução do estresse baseada na atenção plena, e ensinar técnicas autodirigidas relaxantes para ajudar meninos e meninas a tornarem-se mais atentos, equilibrados e conscientes. Eu esperava que a atenção plena os ajudasse a ver suas vidas claramente e a definir metas cuidadosas, fornecendo-lhes ferramentas para atingir seus objetivos e tornarem-se adultos mais reflexivos e solidários.

A consciência plena não depende de se atingir um estado mental tranquilo. Muitas vezes me sentei em uma almofada por um longo período de tempo e não consegui nada, mesmo estando mais próxima da calma e de um estado mental de concentração. Isso não é uma falha, mas parte integrante do processo de desenvolvimento da atenção plena. Acontece com todo mundo. A questão de introspecção da atenção plena é *trazer a consciência para dentro do que acontece em sua mente e em seu corpo (pensamentos, emoções e sensações físicas, por exemplo). Não controlar sua mente, mas transformá-la.* É uma prática orientada pelo processo, o oposto de um dia na escola, no qual as crianças são muitas vezes obrigadas a conduzir cada pedacinho de sua energia para um objetivo rígido, estático, frequentemente medido por testes com resultados padronizados. A atenção plena é uma maneira de ver a aprendizagem que difere daquela ensinada na maioria das escolas, e já presenciei essa prática fomentar o amor pelo aprendizado em crianças.

O que é uma criança atenta?

Muitas vezes me perguntam: como é uma criança plenamente atenta? Que qualidades você procura em uma criança atenta? Como as reconhece? Existem diversos trabalhos científicos que listam comportamentos específicos, manifestações externas e processos psicológicos que indicam se uma pessoa é mais ou menos atenta do que outra. Mas minha descrição favorita de "uma criança atenta" foi escrita por dois dos meus alunos do ensino médio para o jornal da escola: "Depois de uma aula de consciência plena, os alunos gradualmente se tornavam mais positivos e menos cansados, e suas tensões começavam a desaparecer." Na minha opinião, esse é o mais poderoso endosso que o programa poderia receber.

Outra questão que os pais me colocam é se devem insistir para que o filho medite todos os dias. A resposta simples é não. Eu nunca insisto para que as crianças meditem todos os dias ou até mesmo para que meditem.

É relativamente incomum crianças meditarem regularmente por conta própria. Mas aquelas que o fazem me contaram que a calma e o sossego que sentem durante a prática lhes traz alívio. Geralmente, essas crianças são aquelas cujos pais meditam regularmente e têm companhia ao fazê-lo, literal e figurativamente. É maravilhoso quando isso acontece, mas não é a única maneira de se beneficiar do treinamento da atenção plena. Em vez de insistir em uma prática regular, você pode dar o exemplo meditando sozinho de forma assídua. Pode ser que seus filhos simplesmente juntem-se a você.

Existem algumas potenciais desvantagens ao incentivar crianças a sentar-se em silêncio por um período prolongado, como, por exemplo, o de induzi-las a um tédio paralisante. Outras desvantagens podem ser potencialmente ainda mais graves. Refletir profundamente – especialmente quando se está deitado em uma sala com outras pessoas – não é emocionalmente seguro para todo mundo. Ansiedade, depressão e vergonha são apenas algumas das muitas razões legítimas pelas quais meditar em público pode ser particularmente difícil para algumas crianças. Ao trabalhar com alunos em um ambiente de sala de aula fechada, é extremamente importante lembrar que emoções dolorosas podem emergir durante esse momento de introspecção. Não é incomum que pensamentos e emoções inundem a mente de uma criança com tal força e intensidade que processá-los sozinho se torne bastante difícil, se não impossível.

Mesmo quando não há dificuldade emocional alguma que impeça as crianças de realizarem uma prática introspectiva, não faz sentido forçá-las a realizá-la. Você pode insistir para que meninos e meninas sentem-se e fiquem quietos, e aplicar limites e controle em relação a seus corpos, mas é impossível controlar o que está acontecendo em suas mentes. Se as crianças não estiverem interessadas, elas podem sentar-se calmamente, mas a probabilidade de que estejam meditando é mínima. Se você não for cuidadoso, a meditação pode ser associada a uma punição ou disciplina, especialmente por crianças que estão acostumadas com o "cantinho do castigo". Vejo meu papel como o de plantar sementes nas mentes e lares de crianças e suas famílias. Como essas sementes crescerão é responsabilidade delas. Com uma abordagem descontraída e lúdica, existe uma chance menor de as crianças sentirem aversão à prática da atenção plena. Elas podem não estar interessadas agora, mas talvez se interessem em algum momento de suas vidas.

A meditação não é necessária para que uma criança fique mais atenta, embora certamente ajude. Se meditar for seguro e agradável para seu filho, ele irá beneficiar-se da prática e de outras formas de introspecção para reforçar a atenção plena e aumentar a autoconsciência. Mas todas as práticas de atenção plena aumentam a atenção plena, e há uma série de outras maneiras de trazê-la para a vida das crianças além da meditação sentada. Muitos pais integram a atenção plena à hora de dormir, e seus filhos percebem que descansar a partir da sensação física da respiração ajuda a fazê-los cair no sono. O ritual de ninar mais popular, que você encontra no capítulo 3, é chamado de *Rockabye*, ou canção de ninar, e consiste em fingir fazer um bicho de pelúcia dormir ninando-o com sua respiração.

Você é mais do que a soma de suas partes

Por meio de notáveis avanços da ciência moderna, pesquisadores já podem identificar os correlatos neurais e químicos responsáveis pelos pensamentos, emoções e sensações físicas de uma criança, e conectar componentes específicos do treinamento da atenção plena a benefícios tangíveis. Esses avanços científicos foram alcançados através do trabalho árduo de pesquisadores em todo o mundo, cientistas que deixaram de lado noções preconcebidas sobre meditação dentro da comunidade acadêmica e deram um arriscado salto de fé. Há apenas alguns anos atrás, estudar meditação era considerado fazer ciência de menor importância, não digna dos melhores pesquisadores. No entanto, muitos deles colocaram suas carreiras, reputações e bolsos em risco para aplicar o método científico à prática da atenção plena. Eles projetaram estudos com dupla ocultação que, muitas vezes, são replicáveis, independentemente de quem os executa, e validaram a meditação para pessoas que nunca haviam levado isso a sério. Muitos daqueles que inicialmente olhavam com desconfiança para os cientistas que trabalhavam nesse campo, agora falam e escrevem sobre a atenção plena e até meditam.

A ciência ocidental foi adiante no campo da atenção plena e o legitimou. No entanto, a neurociência ainda não foi capaz de explicar o mistério da consciência, essa experiência exclusivamente humana na qual somos mais do que a soma das nossas partes. Em uma coluna no Los Angeles Times, Jonah Lehrer escreveu:

> *De acordo com os dados da neurociência, sua cabeça contém 100 bilhões de células elétricas, mas nenhuma delas é você, ou conhece você, ou se preocupa com você. Na verdade, você nem sequer existe. Você é simplesmente uma ilusão cognitiva elaborada, um "epifenômeno" do córtex. Nosso mistério é negado.*[5]

É nesse mistério da consciência, o lugar onde a atenção plena e a ciência se encontram, que o nosso trabalho com as crianças começa.

Todos os dias, como pais, nos esforçamos com questões para as quais não existem respostas fáceis e com mistérios que não compreendemos. Ajudar nossos filhos a fazer escolhas saudáveis é um dos nossos trabalhos mais difíceis e uma das nossas responsabilidades mais profundas. Quer percebamos ou não, o que fazemos com nossos filhos, o modo como falamos com eles, a maneira como dividimos o tempo deles, influencia sua personalidade e os orienta para determi-

---

[5] Jonah Lehrer, "*Misreading the mind*", L.A. Times, 20 de janeiro, 2008.

nada direção. Seja criativo, acadêmico, artístico, atlético, espiritual ou qualquer uma dessas muitas coisas, o que esse caminho é, e para onde ele aponta, vai afetar nossos filhos nos anos que virão – não raro, por toda a vida. Como podemos ajudar nossos filhos a escolherem seus caminhos com integridade? Tomando emprestado do livro *The teachings of Don Juan*[6], de Carlos Castañeda, e *Path with heart*[7], do professor de meditação Jack Kornfield, devemos ter certeza de que seus caminhos estão conectados com seus corações:

> *Qualquer caminho é um entre milhões. Portanto, você precisa ter sempre em mente que um caminho é apenas um caminho; se sentir que não deve segui-lo, então não deve ficar nele sob nenhuma condição... Sua decisão de manter-se no caminho ou deixá-lo deve estar livre de medos ou ambições. Eu alerto você. Olhe para cada caminho com cuidado e consideração. Então pergunte a si mesmo, e somente a si mesmo: "Esse caminho tem coração?"*[8]

Seja qual for o caminho que seu filho ou filha escolher para si, as descobertas que fizer praticando a atenção plena vão ajudá-lo a escolher um caminho com coração.

Quatro descobertas da atenção plena

A atenção plena foi desenvolvida há mais de 2.500 anos como resultado de uma descoberta sobre a natureza da experiência cotidiana baseada no senso comum: a de que cada aspecto da vida se encaixa de alguma forma no âmbito de quatro verdades básicas. No livro

---

6 N.T. Publicado no Brasil com o título *A erva do diabo – ensinamentos de Don Juan*, pela Editora Record.

7 N.T. Publicado no Brasil com o título *Um caminho com o coração*, pela Editora Pensamento.

8 N.T. Carlos Castaneda, *The teachings of Don Juan: a yaqui way of knowledge*, Nova York, Washington Square, 1985, p.82.

Breath by breath[9], o professor de meditação Larry Rosenberg descreve as quatro verdades como: o sofrimento existe; há uma causa para o sofrimento; há um fim para ele; há uma maneira de chegar a esse fim.[10] Essas quatro descobertas fornecem um roteiro para o ensino da atenção plena para crianças e suas famílias.

A primeira descoberta: a vida tem seus altos e baixos

É fácil subestimar o quanto a infância moderna pode ser estressante. Muitas crianças precisam descobrir por elas mesmas as regras para serem aceitas dentro de suas turmas. Isso não é fácil, já que o preço do fracasso pode ser alto: ostracismo, *bullying*, falta de amigos. Outras crianças, por exemplo, aquelas que têm problemas para ter bom desempenho na escola e aquelas que sentem a necessidade de estar sempre nos mais altos níveis, muitas vezes enfrentam uma ansiedade debilitante por causa de seus fracassos, sejam reais ou percebidos. Nas famílias em que o dinheiro um problema, onde existem problemas médicos ou onde os pais estão em conflito, as crianças podem ir do estresse da escola para um ambiente estressante em casa. Não importa o que você faça e o quanto se esforce, não importa o quanto você seja bom como pai ou mãe, seus filhos serão confrontados com problemas que não poderão ignorar. O treinamento da consciência plena é delineado para ajudar as crianças a colocarem seus problemas em perspectiva e entenderem melhor o que está acontecendo em seu mundo interno e externo.

A maioria dos problemas se enquadra na categoria geral *estresse*, que engloba desde situações de risco de morte até pressões e preocupações crônicas persistentes. O estresse é causado por eventos reais, percebidos ou potenciais, que desequilibram e ativam o sistema de resposta do corpo. Em seu livro *Why zebras don't get ulcers*, o neurocientista

---

9 N.T. *A cada respiração*, em tradução literal, não publicado no Brasil até esta edição.

10 Larry Rosenberg, *Breath by breath: the liberating practice of insight meditation*, Boston, Shambhala, 1998, p.12.

da Universidade de Stanford, Dr. Robert M. Sapolsky, descreve o que acontece quando a resposta ao estresse entra em ação: a energia é mobilizada e entregue aos tecidos que precisam dela, e a frequência cardíaca e da respiração, bem como a pressão arterial, aumentam; construções de longo prazo e projetos de reparo são adiados até que o desastre tenha passado, isto é, os sistemas de digestão, crescimento, imunidade e reprodução são inibidos. A dor é atenuada, a cognição aguçada, certos aspectos da memória melhoram e a analgesia natural, induzida pelo estresse, ocorrem.[11] A resposta ao estresse pode salvar vidas em situações de emergência, mas, se ativada com frequência durante um período prolongado devido à preocupação crônica ou desafios emocionais prolongados, isso pode ter um custo alto para nossos corpos e mentes. Ficamos esgotados e suscetíveis às doenças. A resposta prolongada ao estresse decorrente de um episódio de estresse antecipado é muitas vezes mais prejudicial do que o próprio fator de tensão em si, não por nos deixar doentes, mas por aumentar nosso risco de adoecer ou diminuir nossa capacidade de combater uma doença que já podemos ter.[12]

O estresse é, em grande medida, subjetivo. Circunstâncias que algumas pessoas acham estressantes não incomodam outras de modo algum. Mesmo pequenos problemas, que muitos indivíduos simplesmente ignoram, podem acarretar significativo nível de tensão em outros. Essa discrepância é, em grande parte, definida pela predisposição genética de uma pessoa e por sua experiência de vida. Não temos nenhum controle sobre nossas predisposições genéticas, mas há muito que podemos fazer sobre o modo como vivemos. E a prática da atenção plena tem demonstrado que pode auxiliar adultos a lidarem com situações de estresse.

---

11 Robert M. Sapolsky, *Why zebras don't get ulcers*, Nova York, Holt, 2004, p.10–15. *Por que as zebras não têm úlceras*, lançado no Brasil pela Editora Francis. 2008.

12 Robert M. Sapolsky, *Why zebras don't get ulcers*, Nova York, Holt, 2004, p.16.

A segunda descoberta: a delusão faz a vida mais difícil do que ela precisaria ser

A busca por uma solução mágica para todos os problemas da infância criou uma infinidade de programas fantasiosos voltados para o desenvolvimento de crianças, incluindo dietas, exercícios, terapias e buscas espirituais. A maioria desses programas oferece benefícios reais para crianças e famílias, mas seus proponentes os apresentam de forma tão exagerada que os pais acabam esperando que gerem resultados irreais. Como consequência, bons programas perdem credibilidade e desaparecem. Conheci pessoas que falam sobre a prática da atenção plena como se ela fosse uma poção mágica que propiciará a seus filhos acesso a todos os tipos de ganhos materiais: ascensão social, realização acadêmica, riqueza e até mesmo fama. Quero deixar claro que a atenção plena não é mágica. No entanto, há algo mágico em uma criança que vê pela primeira vez o que está acontecendo dentro, para e em torno de si mesma de forma clara, sem uma carga emocional. E isso é verdadeiro mesmo quando o que ela vê é desagradável.

Aprendi uma lição sobre a conexão que existe entre essa visão clara e a verdadeira felicidade em um local improvável: o lugar em que lavo meu carro, onde também se vendem cartões comemorativos. Uma vez, pouco antes do Dia das Mães, fui até lá para comprar um cartão de aniversário para um amigo e vi um *display* enorme de cartões do Dia das Mães. Imediatamente me afastei. Até esse momento eu não tinha ideia de que sentia aversão a eles. Então, no tradicional período de teste da atenção plena, quando reconheci minha aversão, eu me virei, respirei profundamente algumas vezes e aceitei o mostruário de cartões. Percebia uma gama de sentimentos, impressões sensoriais e sensações físicas que surgiam naquele momento, e não fiquei surpresa ao ver que os cartões me lembravam minha mãe, que havia falecido recentemente. Uma onda de tristeza tomou conta de mim.

Em pouco tempo, porém, eu estava olhando os cartões, um após o outro, fascinada com as rimas doces, ilustrações de bichinhos e pores do sol. Eu não me identificava com eles de modo algum. Fiquei imaginando como seria um cartão de Dia das Mães que realmente refletisse todas as ações que fazem parte do mundo real de uma mãe: trocar uma fralda fedida, limpar saliva ou segurar seu filho no pronto-socorro enquanto o médico faz uma sutura. Essas experiências de maternidade estão longe de ser as imagens genéricas e brandas desses cartões. Como mãe, aprendi a tolerar cenas, sons, cheiros e sentimentos que são desagradáveis, dolorosos e me tiram da minha zona de conforto. Aprendi que a dor e o desconforto podem ser uma parte tão significativa da experiência materna quanto a alegria. Aprendi a amar a sensação vibrante e elétrica que vem de estar totalmente presente em uma experiência, não apenas nos momentos sublimes, mas também nos desagradáveis. A verdadeira felicidade, percebi, vem da clareza, do mesmo modo que ilusões produzem infelicidade. Por exemplo, eu nunca teria conhecido a profundidade da alegria que a maternidade pode trazer se eu tivesse me desligado das experiências mais assustadoras. Ver claramente e experimentar de forma plena as coisas duras da vida, embora difícil, pode conduzir a um lugar psicológico saudável. Ao olhar atentamente para aqueles cartões que eu tinha tentado evitar, pude apreciar a plenitude da experiência da vida.

Nós, pais, por vezes temos dificuldade em aceitar que nossos filhos terão problemas e que alguns desses problemas serão graves. O primeiro passo para ajudar crianças e adolescentes a gerenciar estresse, frustração e decepção é ajudá-los a ter um olhar mais atento às causas da infelicidade. Há muitos problemas que nem os pais nem seus filhos podem corrigir, não importa o quanto tentem. Mas problemas podem ser gerenciados quando as crianças e seus pais enxergam claramente o que os está causando e conseguem discernir se existe ou não algo que pode ser feito para mudar a situação. A chave para lidar com a tensão e outras situações difíceis nem sempre está na situação em si, mas em como pais e filhos respondem a ela.

Enxergar nitidamente pode ser o maior presente que a atenção plena tem a oferecer. Há muitos fatos acontecendo o tempo inteiro – a atenção plena ajuda a colocar as experiências em seu devido lugar e ajuda a medir a resposta, para que esta se dê na proporção correta. Você já bateu um dedo do pé em algo que foi deixado onde não deveria? A impressão sensorial, dor ("Ai!"), surge, e é imediatamente seguida por um pensamento ("Quem deixou isso lá?") e talvez uma emoção (raiva, por exemplo: "Que idiota!"). Com uma postura mais vigilante, você observa e identifica tudo o que está acontecendo, enquanto está acontecendo, mas evita, por um momento, rotular ou racionalizar o que aconteceu. Enxergar visivelmente o que está havendo dentro, para e em torno de você, exatamente como é, sem preconceitos ou reatividade, é um processo que leva a um estado mental pacífico, uma das experiências mais extraordinárias da prática da atenção plena. Ajudar crianças irritadas a encontrar *um estado mental pacífico* é algo com que realmente me importo e um dos objetivos do treinamento da consciência plena.

Um estado mental pacífico não é o mesmo que ficar distraído ou entrar em transe. Distrair-se ou estar em transe é uma *desatenção*, o oposto de estar vigilante. A atenção de todas as pessoas vagueia de tempos em tempos, e é maravilhoso para a criança sonhar acordada, inventar e tecer histórias em seu mundo interior. Um pouco de devaneio ou distração é benéfico. No entanto, há momentos em que focar é necessário e distrair-se é prejudicial (quando se faz uma prova, por exemplo), e nesses momentos a consciência plena é usada para interromper o devaneio e trazer a atenção da criança de volta à tarefa que ela tem nas mãos. Em vez de ensiná-la a se distrair, a atenção plena ensina as crianças a verem com clareza.

A terceira descoberta: a felicidade está ao nosso alcance

A vida familiar nos dá muitos exemplos de momentos em que a felicidade surge naturalmente apenas porque o sofrimento acaba. O momento em que um bebê com cólica para de chorar e dorme um sono profundo é o fim de um sofrimento para os pais e para a criança. Quando seu filho que cursa o fim do ensino médio descobre que passou no vestibular, a ansiedade que frequentemente circunda uma família durante esse período acaba. É uma tarde de domingo depois de uma semana particularmente difícil no trabalho, você deita no sofá para um cochilo e, em seguida, seu vizinho decide cortar a grama. Isso é sofrimento! Mas quando ele guarda o cortador de grama, seu sofrimento termina instantaneamente. Momentos de felicidade que ocorrem quando o sofrimento cessa são comuns na vida diária. Mas o que acontece se os acontecimentos externos não mudam ou se mudam para pior?

Que o sofrimento existe e termina são fatos óbvios, mas a ideia de que podemos escolher ser felizes em meio ao sofrimento é bem menos evidente. Possivelmente, a parte mais dolorosa de educar é ver seu filho ser machucado de forma totalmente injusta e não poder fazer nada a respeito. É um jargão conhecido que coisas ruins acontecem para pessoas boas e coisas boas acontecem para pessoas más. Às vezes, não há absolutamente nada que possamos fazer. Ainda assim, mesmo quando não podemos mudar uma situação difícil, podemos escolher como reagir a ela.

Às vezes, uma mudança de perspectiva é suficiente para aliviar um sofrimento. Já houve momentos em sua vida que pareceram ridículos a ponto de você começar a rir? Naquele momento, seu sofrimento cessou. Nada mudou no mundo exterior, mas com uma mudança de perspectiva você pôde rir sobre o que aconteceu e experimentar um oásis de felicidade, mesmo que apenas por um momento. E aquela ocasião em que você estava absolutamente certo de que seu filho estava fazendo más escolhas e, mais tarde, percebeu que estava enganado?

Às vezes nós, pais e mães, sofremos quando nos tornamos excessivamente apegados a uma ideia sobre o que é melhor para nossos filhos. Vivemos há mais tempo e sabemos, por experiência própria, que algumas más decisões podem tornar a vida mais difícil do que ela precisa ser. Então, quando nossos filhos não tiram boas notas, não tomam posições de liderança em atividades extracurriculares, ou parecem não estar estudando o suficiente, faz sentido ficarmos preocupados que seu futuro seja afetado negativamente. No entanto, podemos ficar tão presos nessa preocupação sobre o que eles não estão fazendo, que nos esquecemos de desfrutar e apreciar o que eles vêm de fato realizando. Existem habilidades importantes na vida que não envolvem ganhar troféus, mas que são, no entanto, indicadores confiáveis de sucesso na vida futura. Talvez nossos filhos sejam ótimos para fazer amigos, ajudar os outros ou superar desfechos inesperados, e quando os vislumbramos cuidando alegremente de uma tartaruga de estimação ou cantarolando uma melodia, nossa perspectiva muda. Em um lampejo, podemos apreciar quem eles são e ver claramente seus pontos fortes. Com essa perspectiva, parece insensato preocupar-se por seu filho não ser o zagueiro do time de futebol, ou o protagonista da peça de teatro, ou se está entre os melhores alunos da escola. Nada mudou, exceto a nossa perspectiva – os eventos externos permaneceram os mesmos. No entanto, o sofrimento diminuiu. Nossos filhos são mais felizes do que imaginávamos, e nós também.

É uma verdade básica e profunda que o sofrimento pode ser causado pela maneira como nós vemos uma situação e agravado pelo modo como reagimos a ela. A terceira descoberta da atenção plena nos diz que a felicidade está ao nosso alcance, por vezes através de algo como uma simples mudança de perspectiva. A quarta descoberta nos mostra como fazer essa mudança.

A quarta descoberta: a chave para a felicidade

Quando algo prazeroso acontece, nossa tendência é querer mais. Rapidamente, começamos a concentrar nossa energia em repetir o episódio (desejo). Quando algo ruim ocorre, ficamos propensos a fazer tudo que está ao nosso alcance para escapar (aversão) e podemos perder aspectos de uma experiência que, ainda que negativa, poderia nos trazer lições de vida úteis. Também tendemos a ignorar experiências sobre as quais somos neutros (indiferença) e nos preocupamos com outras questões. Desejo, aversão e indiferença são reações automáticas e comuns à experiência da vida, mas podem nos causar problemas quando não os reconhecemos.

Consciente ou inconscientemente, passamos grande parte de nossa existência planejando conseguir o que desejamos e evitar o que não gostamos, e ignorando todo o resto.

Desejo e aversão são opostos, mas, se não tomarmos cuidado, podem ter os mesmos efeitos negativos em nosso momento presente. Quando queremos muito ou pouco alguma coisa, é fácil ficarmos tão focados em um momento passado ou futuro que perdemos um pouco, se não tudo, do que está acontecendo agora. Faz todo o sentido buscar a felicidade e evitar a infelicidade, mas se estamos alheios ao que estamos fazendo, podemos simplesmente continuar vivendo no piloto automático. Reagir no automático à experiência da vida, em vez de responder ponderadamente, pode ter custos ocultos. Muitos pais descrevem suas vidas como vividas de forma anestesiada, com uma sensação constante de estresse, luta e tensão, que são perpetuados por seus sentimentos de desejo, aversão e indiferença. É um jogo de bobos e, no fundo, eles sabem disso.

As quatro descobertas da atenção plena, juntas, incentivam pais e filhos a ver sua experiência de maneira clara e a responder ponderadamente com compaixão. Enxergar nitidamente nem sempre é fácil: a maioria de nós tem noções preconcebidas que afetam o modo como percebemos o mundo. Em *The wise heart* ("O coração sábio", sem publicação no Brasil), Jack Kornfield escreve: "Mais do que qualquer outra coisa, nossa forma de viver a vida é criada pelos estados particulares de mente com os quais nos encontramos com ela. Se você estiver assistindo à prorrogação de uma partida de futebol do ensino médio, no qual sua filha é goleira e está nervosa, sua consciência será preenchida por preocupação, compaixão e emoção a cada jogada. Se você for um motorista contratado para buscar o filho de alguém, você vai ver as mesmas cenas, os jogadores e a bola, no entanto de forma entediada, desinteressada. Se você for o juiz, vai perceber as imagens e sons de outro modo... A consciência pura é colorida por nossos pensamentos, emoções e expectativas."[13]

---

[13] Jack Kornfield, *The wise heart: a guide to the universal teachings of buddhist*

Pensamentos, emoções e expectativas são o conteúdo, a consciência em si – o que Kornfield chama de "consciência pura". Acreditar que nossas impressões, pensamentos e memórias são sempre precisos pode levar à decepção e frustração. Ao ter uma reação emocional, é uma boa ideia trazer nossa atenção de volta para que possamos nos dar um espaço para respirar um pouco antes de tirar uma conclusão definitiva sobre o que está ou não acontecendo. Com alguma perspectiva, podemos ver melhor o cenário geral e responder de forma hábil, gentil e compassiva. Essa perspectiva lúcida é o alicerce para uma vida mais consciente.

Há um jeito de viver a vida que minimiza a frustração, o descontentamento e, especificamente, reconhece:

• que crescimento pessoal é tanto uma meta quanto um processo que evolui ao longo do tempo e com a prática;

• a importância da motivação e do esforço;

• a natureza mutável de todas as coisas;

• que tudo o que dizemos e fazemos tem consequências;

• que estamos conectados a outras pessoas e ao meio ambiente de tantas maneiras diferentes, que possivelmente não sabemos ou imaginamos.

A quarta descoberta nos mostra como viver dessa forma. Viver conscientemente é um processo, não uma característica fixa ou traço de personalidade. Nenhum de nós é perfeito, mas, se conectarmos esse processo ao nosso coração, poderemos levar vidas mais equilibradas. Pessoas de todo o mundo e de todas as áreas do conhecimento estão trabalhando em conjunto para traduzir o sistema secular de treinamento mental e ético elaborado com base nessas quatro ideias, para que crianças, adolescentes e suas famílias o tomem como algo relevante em suas vidas modernas. Eu faço parte desse esforço. Minha esperança é que este livro lhe forneça um contexto útil e prático para a prática da consciência plena, bem como práticas básicas de atenção plena que você e sua família poderão incorporar à sua rotina diária.

---

psychology, Nova York, Bantam, 2008, p.49.

Atenção plena juntos:
uma respiração profunda para começar o dia

Não importava quantos livros e artigos de revistas meu marido e eu já tivéssemos lido sobre os benefícios de preparar mochilas, almoços e roupas antes de deitar: quando nossos filhos eram pequenos, era raro que tivéssemos tudo organizado para o próximo dia antes de dormir. E, mesmo quando conseguíamos, na manhã seguinte geralmente acontecia algo que frustrava os nossos planos tão bem organizados. Ficar prontos para ir à escola era como realizar uma performance circense, e às vezes sentíamos como se tivéssemos sido arremessados por um canhão.

Seth e eu não gostávamos de iniciar o dia de modo tão enlouquecido, por isso instituímos um ritual matinal que nos serviu bastante. Depois de completar a corrida louca para ficarmos prontos, parávamos antes de sair de casa no corredor para fazer três respirações profundas juntos. Mochilas nos ombros das crianças, chaves do carro nos bolsos e pastas de trabalho na mão, nós respirávamos unidos para ajudar na transição calma para o mundo exterior. Fazer isso facilitava uma mudança significativa em nosso ritmo e perspectivas antes de sair ao encontro de um novo dia. Caso suas manhãs também sejam frenéticas, incentivo vocês a experimentarem essa prática.

Para começar: compreenda e abasteça sua motivação

2.

ESTAR SOB TENSÃO.
INTERNAMENTE,
VIVER UMA CONFUSÃO.
SENTAR E SE ESCONDER.
FICO FELIZ EM LIMPAR MINHA MENTE.
MUITO OBRIGADA POR ME AJUDAR COM A MINHA TENSÃO.

Aluno do ensino fundamental

Quando minha filha Allegra tinha oito anos e meu filho Gabe tinha cinco anos, fomos a um centro Zen na vizinhança para participar de um programa para famílias. Essa seria a primeira experiência meditativa para eles fora da nossa casa. O centro de meditação era em uma casa antiga com um belo jardim. Enquanto nossa família caminhava por ele antes da sessão, Seth e eu tentamos incitar um senso de silêncio e reverência. Eu disse às crianças onde estávamos e o que iríamos fazer. Elas provavelmente teriam preferido ficar em casa, mas seguiram o passeio de maneira respeitosa. Em certo momento, apontei para uma planta ou flor e minha filha sentiu algo preso em sua garganta. Ela fez ruídos, tossiu e depois cuspiu nas moitas. Allegra virou-se e riu timidamente: "Acho que acabei de cuspir nas plantas sagradas!" Foi difícil para ela levar meu interesse a sério, mas ela merece crédito por ter tentado. Gabe, claro, achou o comportamento da irmã muito engraçado, mas ele também tentou.

Após esse início pouco auspicioso, nos dirigimos à casa, onde pais e filhos estavam se organizando para um círculo de meditação. Havia cerca de quinze pessoas no total. Eu estava ansiosa para ver como meus filhos reagiriam. Minha filha era bem comportada naquela idade, apesar do recente ataque às "plantas sagradas"; meu filho, porém, era mais novo e agitado. Lancei um olhar para o Gabe enquanto o facilitador se preparava para iniciar a sessão de meditação. Lá estava ele, sentado em sua almofada, recolhendo-se consigo mesmo, pronto para seguir. O gongo tocou e a sessão teve início. O responsável pelo grupo nos informou que meditaríamos por quinze minutos, pais e filhos juntos. Seth virou-se para mim e rolou os olhos para cima. Meditar por quinze minutos com crianças pequenas soava mais do que ambicioso. E era.

Os primeiros trinta segundos se passaram e olhei para Gabe. Até aquele momento, tudo bem, ele estava só um pouco inquieto. Outro minuto se passou e ele continuava quieto. Fiquei encantada. Mas um minuto se foi e ele mal havia se mexido. Incrível! Mas, após cinco minutos, Gabe olhou para meu marido, que estava sentado ao seu lado, e perguntou, queixoso: "Por quanto tempo mais eu preciso fingir que alguém roubou meu cérebro?" Tomando isso como um sinal, Seth o levou para fora da sala. Juntos, eles caminharam pelo jardim (sem dúvida, "admirando as plantas sagradas") até o final da meditação. Meu querido filho não queria sentar-se em uma almofada, não queria observar seus pensamentos e não gostou da experiência, mas foi um tremendo parceiro ao tentar tudo isso porque eu havia pedido. Um coração aberto é a chave para uma vida consciente. No mínimo, eu já soube ali que era algo que ele já tinha.

Há um antigo provérbio tibetano que diz: "A atenção plena da mente descansa na ponta da motivação." Entre o pigarro de Allegra e a frustração de Gabe em ter que fingir "que alguém roubou [seu] cérebro", percebi que estava na hora de refletir sobre a *minha* motivação para querer que *eles* aprendessem a meditação da atenção plena. Era para eles, para mim ou para ambos? Sem dúvida, eu havia sido motivada por um desejo, humano e universal, que nasce das boas intenções. Mas quando analisei de forma mais cuidadosa, tive que admitir que parte da minha motivação era pessoal. Eu queria que meus filhos entendessem o que eu estava fazendo durante aquelas horas todas sentada em uma almofada em meditação. Eu aspirava que, assim como eu, eles amassem essa prática e me respeitassem por praticá-la. Eu também desejava mudá-los, dando-lhes habilidades que certamente os ajudariam em alguns aspectos de suas personalidades, aspectos que eu achava que poderiam ser melhorados. Essas *não são* necessariamente *motivações nega-*

tivas, mas eram problemáticas, porque, até aquele momento, elas não eram conscientes.

Aprendi isso de uma maneira dura depois que nossa família fez aquela visita histórica ao centro Zen. Nossos filhos não queriam sentar-se em uma almofada e observar seus pensamentos, e Gabe não curtiu a experiência. Sem dúvida alguma, pedir a eles que fizessem uma tentativa era válido, mas fazer Gabe aguentar firme e permanecer até o final da sessão não teria sido. Forçar a atenção plena é um paradoxo. Se eu tivesse pressionado Gabe a continuar mesmo que estivesse claro que ele não queria fazê-lo, o propósito inicial teria sido destruído.

A atenção plena vem mais naturalmente para alguns do que para outros. Isso é frequentemente mais evidente em crianças, que não têm a astúcia para esconder seu desinteresse, do que em adultos. Alguns irão gostar da calma e da tranquilidade da introspecção; outros serão indiferentes; outros terão dificuldade em não subir pelas paredes. No final, as crianças chegarão à atenção plena em seu próprio tempo e ritmo. Há pouco, rimos da Allegra "pigarreando nas plantas sagradas" e do Gabe com a sensação de que "alguém havia roubado [seu] *cérebro". Mas essa história é mais* do que uma piada de família. É uma reflexão honesta sobre uma tentativa inicial de atenção plena do ponto de vista de uma criança, e um banho de realidade importante para mim. A partir daí, eu aprendi que o primeiro passo para desenvolver a prática da atenção plena é identificar a motivação, tanto dos pais quanto das crianças, para fazê-lo.

A motivação no centro da roda

Quando comecei a trabalhar mais formalmente com crianças, os pais procuravam minha ajuda com problemas específicos: melhorar o desempenho escolar de seus filhos; fornecer habilidades para que eles mesmos conseguissem se acalmar; outros queriam estimular em seus filhos a capacidade de resolver conflitos; e outros ainda queriam introduzir uma dimensão espiritual nas crianças. Todos esses objetivos eram louváveis, mas também agregavam um propósito à prática, e isso, caso não tivesse o devido reconhecimento, poderia tornar a atenção plena simplesmente mais uma atividade com a meta de promover nossos próprios objetivos (e o das crianças). Esforçar-se por um troféu esportivo. Esforçar-se por boas notas. Até mesmo esforçar-se em direção à espiritualidade.

Em uma entrevista no canal americano PBS no ano de 1993, Bill Moyers perguntou ao Dr. Jon Kabat-Zinn sobre o propósito da meditação e este respondeu: "Eu diria que não há propósito na meditação. Assim que atribui uma finalidade para meditar, você acaba fazendo dela uma outra atividade para tentar chegar a algum lugar ou objetivo." Quando Moyers apontou que as pessoas vão aos seus programas de redução de estresse com um propósito, o Dr. Kabat-Zinn respondeu: "Isso é verdade. As pessoas do programa estão todas aqui com um objetivo. Todas foram encaminhadas por seus médicos a fim de atingir algum tipo de melhoria em sua condição. Mas, paradoxalmente, elas estão mais propensas a obter um maior progresso nesse campo se pararem de tentar chegar a algum lugar."[14]

É inquestionável que existe uma meta ou resultado final que esperamos alcançar quando praticamos a atenção plena com nossos filhos. No entanto, enfatizar um resultado pode comprometer a prática em si. Ao fazer uma avaliação realista do que você espera obter ao ensinar a prática da atenção plena a seus filhos e o motivo pelo qual você deseja fazê-lo, você pode equilibrar esses dois objetivos por vezes concorrentes.

Aqui segue uma atividade na qual você pode descobrir suas próprias expectativas e os sentimentos de seus filhos a respeito da prática da atenção plena, de modo que possa iniciar sua jornada com uma abordagem saudável e produtiva sobre a aprendizagem.

"Os cinco porquês" é um método que uso quando considero a questão da motivação. Ele foi desenvolvido e usado pela primeira

---

[14] Bill Moyers, *Healing and the mind*, Nova York, Broadway Books, 1993, p.128–29.

vez pela Toyota Motor Company como uma ferramenta para aprimorar metodologias de projeto e fabricação, e tem sido aperfeiçoado pelo professor de meditação Ken McLeod para investigar conteúdo emocional. O método funciona com base no princípio de que a natureza de um problema e sua solução tornam-se claros quando você pergunta e responde uma questão cinco vezes.

OS CINCO PORQUÊS

Este método é praticado em dupla, com uma pessoa fazendo perguntas e a outra respondendo. A pessoa que faz as perguntas ouve atentamente a resposta do interlocutor e, em seguida, repete a resposta de volta na forma de outra pergunta. A pessoa que realiza as perguntas não formula teorias sobre as respostas do seu interlocutor nem oferece conselhos. O objetivo é que a pessoa que está respondendo descubra a resposta por si mesma.

Faça uma pergunta que sirva como ponto de partida:
Por que você quer praticar atenção plena com crianças?
Resposta:
Porque eu quero ajudar a aliviar o seu sofrimento.

O primeiro porquê:
Por que você quer ajudar a aliviar o sofrimento das crianças?
Resposta:
Porque elas estão em grande sofrimento no momento.

O segundo porquê:
Por que as crianças estão sofrendo?
Resposta:
Porque a vida é muito difícil.

O terceiro porquê:
Por que a vida é muito difícil?

Resposta:
Porque o fundamento ético da sociedade se desintegrou.

O quarto porquê:
Por que o fundamento ético se desintegrou?

Resposta:
Porque as pessoas estão com medo, cuidando apenas de si mesmas.

O quinto porquê:
Porque as pessoas estão com medo?

Resposta:
Porque elas não enxergam de forma ampla nem veem que tudo está conectado.

"Os cinco porquês" também são uma atividade divertida para fazer com as crianças. Uso esse jogo para ajudar crianças menores a aprenderem e praticarem o ato de ouvir atentamente. Não uso essa brincadeira para explorar conteúdo emocional em crianças dessa faixa etária, mas, em vez disso, faço perguntas muito simples, como "Por que você gosta de animais?" ou "Por que você gosta de chocolate?". As respostas tendem a ficar bobas rapidamente, mas tudo bem. Mesmo quando as respostas são tolas, as crianças precisam ouvir com atenção para que formulem uma pergunta apropriada como resposta.

Adultos bem-intencionados e entusiasmados podem sentir-se frustrados quando peço que eles considerem suas motivações antes de aprenderem os jogos da atenção plena e as atividades que uso com crianças. Eles estão ansiosos para começar e querem pular essa pergunta e dar início ao processo em si, mas entender a motivação é, na verdade, o primeiro passo do treinamento da atenção plena. Perguntar e responder "Os cinco porquês" é um bom começo.

É tão importante perguntar às crianças sobre a sua motivação quanto aos adultos. Meus alunos são, muitas vezes, um público que não veio voluntariamente ao meu encontro, mas um público trazido por pais, professores e por indicação de terapeutas. Então, eu nunca levo para o lado pessoal se um deles me diz que inicialmente estava cético ou relutante em me ver. Uma das muitas coisas agradáveis sobre trabalhar com essa faixa etária é que as crianças tendem a não se envergonhar diante de perguntas difíceis, como "Por que você está aqui? Seus pais fazem você vir a este curso?", ou as complementares: "Mesmo que seus pais tenham obrigado você a se inscrever neste curso, há algo positivo que você pode tirar dele? Há alguma habilidade social ou de vida que você gostaria de aprender ou reforçar?" Quando pergunto às crianças sobre sua motivação, encorajo-as a esperar antes de analisar a questão, observar dentro do reservatório de conhecimento armazenado em seus corpos e ver como aquela pergunta *faz com que eles se sintam*. Você já teve um sentimento estranho de ter uma certeza sobre algo, indicando claramente alguma coisa, mas sem saber o quê? Esse é um exemplo de como a consciência baseada no corpo pode ultrapassar a mente pensante. A torção no pescoço, o frio na barriga e pulsações na testa armazenam volumes de informação. Com a prática, os alunos reconhecem sinais importantes que vêm de seus corpos e lhes conferem o mesmo peso daqueles que vêm de suas mentes.

Uma imagem clássica usada para ilustrar um aprendizado inapropriado da atenção plena é a dos três potes com defeito. Há três tipos de defeitos do pote: quando está de cabeça para baixo, quando tem um buraco, ou quando contém veneno. Um pote de cabeça para baixo está sempre vazio, não importa a quantidade de água que se despeje sobre ele, como uma criança distraída, que retém partes do treinamento da mente mas nunca apreende o panorama geral. Uma criança que medita mas não integra a atenção plena em sua vida diária é como um pote com buraco, que deixa vazar a água tão rapidamente quanto ela foi derramada dentro dele. Uma criança atingida por uma motivação hostil ou equivocada é como um pote com veneno: este contamina a água do pote e é, de longe, o defeito mais grave.[15] Ao falar sobre nossas motivações, podemos

---

15 Como em muitas histórias antigas, há outras versões além dessa. Essa versão

trabalhar com as crianças a fim de transformá-las em um pote em posição regular e forte – abertas a novas experiências, prontas para aprender.

Frequentemente, as crianças redirecionam a pergunta para mim e querem saber qual é a minha motivação para ensinar a atenção plena. É justo que eu responda com a mesma sinceridade que peço a elas, então, conto que no início estava à procura de ferramentas que me ajudassem a me concentrar e gerir o estresse, mas logo aprendi que a atenção plena é muito mais do que isso. Quanto mais eu praticava, mais equilibrada minha vida se tornava e mais feliz eu me sentia. E mais, minha família e praticamente todos à minha volta também pareciam mais felizes quando eu praticava. Mas esses benefícios nem sempre apareceriam com facilidade. O bem-estar somente chegava quando eu estava disposta a contemplar de olhos bem abertos o que estava acontecendo na minha vida e, em seguida, caso fosse necessário, fazer uma mudança. Essa mudança foi (e muitas vezes ainda é) a parte mais difícil, mas isso tudo não teria sido atenção plena se eu não tivesse trabalhado para integrar o que aprendi na prática com a minha vida.

Passeando com os cães: intenção, entusiasmo e perseverança

Mesmo quando nossa motivação é sincera, há momentos em que não sentimos vontade de meditar. Essa sensação é natural, mas,

---

é do livro clássico sobre budismo tibetano, *The words of my perfect teacher*, de Patrul Rinpoche, Boston, Shambhala, 1998, p.10–11. (publicado no Brasil com o título *Palavras do meu professor perfeito* pela Editora Makara). Em outra versão da história contada por Pema Chödrön, os três defeitos são o pote cheio, o pote com um buraco no meio e o pote com veneno. O pote cheio representa a mente de uma pessoa que pensa que sabe tudo e que não há espaço para mais nada. O pote com um buraco no meio representa uma mente distraída, a mesma discutida aqui. O pote com veneno é a mente cínica, crítica e julgadora [Pema Chödrön, *No time to lose*, Boston, Shambhala, 2007 (publicado no Brasil com o título *Sem tempo a perder* pela Editora Gryphus)].

através de uma combinação de intenção, entusiasmo e perseverança, acabamos praticando de qualquer maneira. Definir a intenção de fazer algo é o primeiro passo em qualquer forma de disciplina; o entusiasmo é o meio mental para seguir adiante; a perseverança é o ato de fazê-lo. Intenção, entusiasmo e perseverança nos permitem ir além da resistência e realizar a tarefa que está em nossas mãos.

Essa tríade aparece quando eu passeio com nossos cães, Rosie e Lucy. Embora inseparáveis, elas não poderiam ser mais diferentes uma da outra: Rosie é uma entusiasta e adora caminhar, mas Lucy nem tanto. Quando se trata dessa atividade, minha mente é como os meus cães: às vezes eu me sinto como Rosie e quero ir, outras vezes, como para a Lucy, a caminhada é a última coisa que quero fazer. Quando eu me sinto como a Lucy, me lembro da imagem clássica de "esmagar a mente com ela mesma" e imagino Popeye, o personagem de desenho animado, com um balão de pensamento acima de sua cabeça. Na minha imaginação, o balão de pensamento do Popeye contém um haltere enorme, pronto para cair e esmagar sua mente caso ele se desvie da tarefa em questão. Essa imagem do Popeye com o haltere é bastante útil para adultos, mas um pouco severa para crianças. Preparar sua mente para fazer algo que não é atraente, cravar seus calcanhares na atividade e praticar de qualquer maneira é um exercício mental extremamente útil, como um músculo a ser desenvolvido na prática da atenção plena. Nesses dias em que praticamente qualquer coisa – até mesmo roupa para lavar ou fazer a limpeza das minhas gavetas – é mais atraente do que caminhar, eu ranjo os dentes, ponho meu tênis de caminhada e tento percorrer minha trilha assim mesmo. Nem sempre consigo fazer isso, mas ajuda lembrar que as atividades das quais eu fujo são, por vezes, as que me fazem mais feliz, saudável e equilibrada.

A disciplina de sair da casa e cair na pista de caminhada é apenas o primeiro passo. Para percorrer a distância, às vezes eu preciso renovar minha intenção repetidamente. Há sempre razões válidas para terminar a caminhada logo e ir para casa: parece que vai chover; estou cansada; estou com fome; preciso ligar para minha irmã. Mas, em face dessas desculpas, eu persevero, porque sei que tirar a mim mesma dessa distração e voltar para a caminhada é parte do processo. É o mesmo com a prática meditativa. Localizar distrações e superá-las faz tanto parte da meditação quanto descansar em um estado mental calmo e de paz. Meditação e distração coexistem. O objeto não é se livrar do seu ambiente de distrações, mas reconhecê-las e resistir a envolver-se. Por exemplo, ao praticar atenção plena na respiração, no instante em que você se torna ciente de que está distraído e redireciona sua atenção de volta para a sua respiração, esse é, por definição, um ato e uma experiência de consciência plena. As crianças também sabem disso. Recentemente, pedi para uma turma do ensino médio separar-se em pequenos grupos para discutir como eles incorporam a atenção plena em suas vidas diárias. Quando a turma se reuniu novamente, um grupo relatou que passou a maior parte do período de discussão fora do tema, falando sobre o baile que se aproximava. Quando o alarme sinalizou que o tempo havia acabado, o grupo percebeu que tinha se desviado do tema e não possuía nada para reportar ao grande grupo. Mas, orgulhosamente, anunciaram que, ao perceber que estavam distraídos e não haviam discutido a tarefa, tinham um exemplo de como haviam integrado a consciência plena à sua vida diária.

Às vezes, todos nós temos dificuldades em permanecer em uma tarefa. Passear com o cachorro todos os dias, manter uma conversa focada no tema inicial e meditar diariamente – assim como todas as outras atividades que exigem disciplina – são atividades que requerem entusiasmo e perseverança. Ao praticar a atenção plena, a aplicação dos dois é raramente um processo linear, sendo muito mais uma progressão suave que lembra o padrão de voo de uma mariposa em direção a uma chama. A mariposa é atraída pela luz, mas, conforme se aproxima da chama, sente o calor aumentar em si mesma. Se a mariposa voa muito perto, corre o risco de queimar-se, então, quando fica muito quente para ela suportar, voa para longe da chama, circula ao redor dela e tenta novamente. Vez após vez, a mariposa voa em direção à chama e depois se afasta, ficando cada vez mais próxima a cada tentativa, enquanto o fogo vai se apagando e a chama desaparecendo. Em nenhuma situação isso é mais verdadeiro do que trazer a consciência plena para emoções difíceis. A prática da aproximação de uma emoção vez após vez, apenas na medida em que se é capaz de fazê-la confortavelmente, permite a adultos e adolescentes a oportunidade de explorar, pouco a pouco, as bordas de seus sentimentos e desenvolver a capacidade de segurar a emoção na atenção, o que, em última análise, pode permitir a eles compreendê-la melhor. Essa prática requer um nível de maturidade emocional e de atenção que está fora do alcance de crianças pequenas.

Conselhos advindos do bom senso

Eu gostaria de compartilhar três conselhos advindos do bom senso, para ajudar seus filhos a manterem o foco sobre as práticas de atenção plena descritas nos capítulos a seguir:

> Seja simples.
> Seja divertido.
> Mantenha seu senso de humor.

> Seja simples.

Quando comecei a ensinar a atenção plena para crianças, eu precisava de uma maleta para transportar todos os meus apetrechos para as aulas. Antes de sair de casa, eu enchia um saco de lona com tambores de diferentes formas e tamanhos, cata-ventos, cartas de baralhos, cronômetros, patos e rãs de borracha, um leitor de CD, bichos de pelúcia, cadernos, lápis, lápis de cera e pastel, pandeiros, flautas, tigelas tibetanas, diapasões, almofadas, cobertores, adesivos, gráficos, quebra-cabeças, livros ilustrados, lanchinhos, caixas de suco... alguém poderia pensar que eu iria vender coisas em um bazar. Há ajudantes de comediantes que arrastam menos equipamentos para o palco do que eu para aquelas aulas. Mas eu levava todos aqueles itens para manter o interesse das crianças enquanto brincávamos com o objetivo de simplificar suas vidas. Na época, eu não enxergava essa ironia.

Depois do meu primeiro ano de ensino, desisti da mala e coloquei tudo em uma mochila. Eu não precisava mais contratar um *roadie*, mas ainda levava um monte de coisas. Hoje, ando na sala de aula com meu saltério ou meu violão, algumas pedras pequenas e lisas em meu bolso, e um saco de lona que contém um diapasão, um cartão chamado medidor de mente, *flip charts* e um pandeiro. Às vezes também levo um tambor ou suprimentos para o jogo que fazemos no dia. Vejo essa transição de uma mala para uma mochila e depois para um pequeno saco de lona como uma metáfora para o meu desenvolvimento como professora. Ao longo dos anos, aprendi a confiar mais na própria prática da atenção plena e menos naquilo que a acompanha.

O mesmo é válido na evolução dos jogos de atenção plena que uso com as crianças: em última análise, eu os aperfeiçoei adaptando absolutamente cada palavra e atividade de modo que fossem divertidos e acessíveis para uma criança de quatro anos. Depois de ensinar alunos com idade a partir dos sete anos durante vários anos, recebi um telefonema da Dra. Sue Smalley, uma professora da UCLA, que estava interessada em estudar o efeito da atenção plena em crianças. Concordei em me encontrar com ela e soube posteriormente que a Dra. Sue era uma geneticista que estudava o TDAH – Transtorno do Déficit de Atenção com Hiperatividade. Recentemente, ela havia tido uma crise de saúde, descoberto a meditação e, como tantos de nós, se dado conta de que, se a prática havia sido tão benéfica para ela, certamente poderia ser para crianças também.

Ela me perguntou, enquanto tomávamos um café, se eu achava que os alunos da pré-escola poderiam aprender atenção plena. Era difícil imaginar que crianças tão pequenas seriam receptivas à prática, mas concordei em fazer uma tentativa. E funcionou, mas exigiu que eu mudasse um pouco o meu programa. Assim como limitar as minhas compras quando viajo apenas à quantidade que consigo carregar, simplificar minhas práticas para que fossem acessíveis aos alunos da pré-escola foi uma experiência poderosa para mim. Como o filósofo francês Blaise Pascal escreveu no século XVII: "Sinto muito por esta carta ser tão longa, mas eu não tive tempo para escrever uma menor." É preciso um longo tempo e muitas tentativas e erros para destilar conceitos ao mínimo, mas o esforço vale muito a pena. Fiquei surpresa quando os exercícios simples e a linguagem desenvolvida para as crianças pequenas repercutiram melhor com crianças mais velhas e adolescentes do que as atividades mais complicadas que eu tipicamente usara com elas. E ainda mais surpreendente foi um grande número de pais e profissionais dizerem que ganharam maior compreensão da atenção plena através das práticas destinadas às crianças menores do que haviam tido depois de anos frequentando aulas e lendo livros sobre o assunto. Ninguém diz isso melhor do que Henry David Thoreau: "Simplifique, simplifique, simplifique."

Seja divertido

É quase impossível se concentrar quando se está com fome ou cansado e, certamente, não é divertido. Perdi a conta de quantas vezes as crianças vieram para a aula de atenção plena com fome, cansadas ou ambos.

Uma experiência desafiadora foi trabalhar com alunos do ensino médio em um horário pós-aula, entre quatro e cinco horas da tarde. Uma das meninas que vinha regularmente estava muito desanimada na primeira aula. As crianças ficam, muitas vezes, desconfortáveis por variadas razões, mas ela não conseguia ficar parada por mais de um minuto ou dois. Perguntei o que havia de errado e ela me disse que estava com fome. Seu pai não tivera tempo para lhe dar um lanche antes da nossa aula. Então, não era à toa que ela não conseguia se concentrar. Prometi que iria levar lanches na próxima vez. Na semana seguinte, levei comidinhas saudáveis para a aula e todo mundo ficou agradecido. Descobri que a menina que tinha tido dificuldades em se concentrar não era a única que sentira fome na aula anterior. Nós comemos barras de cereal após o momento de introspecção, mastigamos palitos de cenoura enquanto estávamos sentados no círculo no qual falamos sobre atenção plena e bebemos suco antes de aspirarmos desejos afetuosos a todos.

As crianças estavam se divertindo e eu estava satisfeita, até que o pai da garota veio buscá-la. Ele examinou a sala, viu as sobras de comida e me pediu para sair da sala para falar com ele. Gentilmente, mas com firmeza, ele me agradeceu pela aula antes de me dizer que sua filha não deveria comer antes, depois ou durante a aula. Perguntei por que, pensando que a menina pudesse ter algum tipo de condição médica da qual eu não estava ciente. A menina estava acima do peso, mas nada nela me pareceu fora da média. Seu pai disse que a razão pela qual ele havia matriculado a filha nesse curso havia sido para garantir que ela estivesse ocupada na parte da tarde e, assim, não tivesse tempo para comer.

É fácil perder a conexão entre alimentação e atenção. Em oficinas, não é incomum que os pais expressem preocupações sobre problemas de atenção de seus filhos, e da dificuldade em acalmá-los e mandá-los fazer a lição de casa logo após a escola. Quando pergunto se eles deram um lanche à criança antes de iniciar a rotina do dever de casa, eles frequentemente se surpreendem. Uma vez salientado isso, a maioria dos pais reconhece que dar às crianças um lanche saudável antes da (e, às vezes, durante) lição facilita sua concentração. Além da conexão entre alimentação e concentração, pesquisadores descobriram uma conexão maravilhosa entre o ato de fazer, de forma frequente, refeições em família e a diminuição do abuso de substâncias químicas entre as crianças e adolescentes.[16]

---

16 Um estudo de setembro de 2007, realizado pelo National Center on Addiction and Substance Abuse ("Centro Nacional de Vícios e Abuso de Substâncias"), na Universidade de Columbia, descobriu uma correlação entre tabagismo na adolescência, álcool e abuso de drogas (tanto prescritas quanto ilegais) e o número de vezes que as famílias jantam juntas durante a semana, com maior impacto encontrado em adolescentes mais jovens. Os adolescentes que têm jantares em família

Existe uma conexão similar entre o sono e a atenção. É extremamente difícil se concentrar quando se está com sono, e há uma ligação bem estabelecida entre uma quantidade insuficiente de sono e o declínio no desempenho escolar de crianças. A falta de sono não só afeta negativamente as habilidades cognitivas de uma criança como também tem sido associada a problemas de saúde.

O mesmo acontece quando crianças estão sobrecarregadas de atividades. Às vezes, um compromisso exageradamente zeloso com a educação pode tirar o prazer da aprendizagem. Basta olhar para o processo de candidatura cada vez mais competitivo para entrar em uma "boa" escola pública nos EUA. Em algumas partes do país, o nível de concorrência, antes restrito às admissões em universidades, estendeu-se ao ensino médio, ao fundamental e até mesmo à pré-escola. Nessas áreas, é comum que os pais de bebês de um ou dois anos experimentem o estresse sobre a perspectiva de encontrar uma pré-escola adequada para seus filhos. Bebês podem não entender a causa do estresse, mas o sentem indiretamente através de seus bem-intencionados pais.

A pressão não abranda quando a criança é aceita – a partir daí, seu tempo é dedicado a mais conquistas por meio de atividades extracurriculares e, por vezes, a aulas particulares que podem ter custos ocultos, incluindo danos à confiança da criança, tornando difícil para as escolas avaliarem a eficácia e o ritmo de seu currículo. Tenho solidariedade por pais que querem o melhor para seus filhos, e me incluo entre eles, mas esse "compromisso irracional"

---

pouco frequentes possuem, em média: três vezes e meia mais chances de ter abusado de medicamentos prescritos; três vezes e meia mais chances de ter usado outras drogas ilegais diferente da maconha; mais de duas vezes e meia mais chances de ter usado tabaco; uma vez e meia mais chance de ter bebido álcool. Resultados semelhantes foram encontrados com pré-adolescentes (de doze e treze anos), onde aqueles que têm jantares em família com pouca frequência têm: seis vezes mais chances de ter usado maconha; mais de quatro vezes e meia mais chances de ter usado tabaco; mais de duas vezes e meia mais chances de ter usado álcool. Ver: Joseph Califano, *How to raise a drug-free kid*, Nova York, Simon & Schuster, 2009.

de um pai ou mãe com uma criança – termo cunhado pela psicóloga britânica e especialista em criação de filhos, Penelope Leach, em 1997 – é um tema crucial no estabelecimento de relações saudáveis entre pais e filhos. Isto é, a necessidade irracional de "manter as aparências" no que se refere a questões de educação e conquistas pode sair pela culatra.

As crianças não são as únicas sobrecarregadas com o excesso de compromissos. Quando perguntados sobre o que aliviaria o fardo cotidiano, pais costumam dizer mais tempo, explicando que simplesmente não há horas suficientes no dia para fazer o que precisa ser feito. Felizmente, os pais têm mais tempo do que sentem ter. Os pais assumem muitas atividades opcionais que julgam serem boas para seus filhos, sem plenamente considerar os custos ocultos dessa escolha. Como que por hábito, tornam-se sobrecarregados, com agenda excessivamente cheia, com muitos compromissos, e seus filhos também. Ambos, pais e filhos, estão frequentemente tão ocupados que esquecem que todos esses *afazeres* lhes tiram a oportunidade de simplesmente *estarem* juntos.

Quando foi a última vez que seu filho passou uma tarde relaxada no quintal ou na sala de estar brincando de faz de conta, fazendo construções com blocos, subindo em árvores, tudo isso apenas com a ajuda da sua própria imaginação? Muitos pais preocupam-se com o potencial efeito negativo de uma redução cada vez maior do brincar sem horário e sem estrutura. Educadores expressam preocupações semelhantes. Dr. Paul Cummins, diretor-executivo da *New Visions Foundation* e fundador das escolas Crossroads e New Roads, na Califórnia, me disse: "Minha esposa é professora de piano e sabemos que se você não iniciar uma criança nas aulas do instrumento até uma certa idade, há um tipo de flexibilidade dos dedos que você não recupera se tentar começar aos vinte, trinta, quarenta, cinquenta anos. Algo se perde. É apenas uma questão de fé, mas acredito que se você rouba a infância das crianças rouba delas algo que é fundamentalmente crucial, algo que, se não for irremediável, é muito mais difícil de se recuperar."

Cummins continua: "Quantas pessoas conhecemos que possuem pouca imaginação? Elas não sabem, mas suas vidas são reduzidas."[17]

É pouco provável ligar a TV ou ler um jornal e não se deparar com o tema TDAH, mas, naquela manhã, Cummins e eu colocamos de lado nossas preocupações sobre o quanto crianças saudáveis podem prestar atenção e imaginamos como um transtorno de déficit de imaginação (ou IDD) afetaria jovens enquanto eles caminham para a idade adulta. Cummins comentou: "Nós super programamos tanto as crianças que refletir tornou-se algo praticamente impossível. Alunos da segunda série estão fazendo lição de casa, isso é um absurdo. A lição de casa que as crianças deveriam estar fazendo é brincar. Quando tentamos programar o brincar para fora da infância, estamos causando danos ao desenvolvimento das crianças."

A pesquisadora da University of British Columbia, Dra. Adele Diamond, manifestou a preocupação de que a falta de horário para brincar de forma não estruturada poderia afetar negativamente o desenvolvimento do planejamento e das habilidades organizacionais de crianças pequenas. O estudo de Diamond focou em um grupo de 147 crianças em idade pré-escolar, ensinadas a partir do currículo "Ferramentas para a mente", que incluía a arte dramática como parte da programação regular da escola. As crianças apresentaram melhora notável na função executiva ou de planejamento e nas habilidades de organização. Em um estudo publicado na revista *Science*, Diamond escreveu: "Embora brincar não seja frequentemente considerado importante, pode ser essencial [para o desenvolvimento da função executiva]."

Do ponto de vista da atenção plena, há uma desvantagem adicional sobre estar super cheio de compromissos, cansado ou com fome: há uma perda de perspectiva. Quando não cuidamos de nós

---

[17] Para uma visão geral sobre crianças e brincadeiras, e sobre como o brincar serve como um meio para o desenvolvimento de uma criança autônoma, ver: Howard Chudacoff, *Children at play*, Nova York, New York University Press, 2007.

mesmos, nossa capacidade de enxergar acontecimentos em nossas vidas de forma clara e objetiva diminui. As crianças precisam estar bem descansadas e bem alimentadas para serem alunos bem-sucedidos. Quando economizamos em refeições em família e esgotamos nossos filhos em busca de realização, torna-se muito mais difícil para eles, se não impossível, desenvolver uma mente não reativa e clara para atingir seus objetivos. E, mais importante que isso, eles param de se divertir.

Mantenha seu senso de humor

Dou aos meus alunos adultos (geralmente, pais, educadores e profissionais de saúde interessados em praticar a atenção plena com crianças) três conselhos práticos adicionais para o ensino dessa prática. Em primeiro lugar, faça as pazes com o fato de que quando você pede às crianças que sejam atentas, elas irão apontar quando você não for atento. E, claro, nenhum de nós é atento o tempo todo. Em segundo lugar, mantenha a experiência real ensinando apenas o que você experimentou diretamente. E, terceiro, o caminho que escolheu será muito mais fácil se você mantiver o senso de humor. Para citar o hippie sábio Wavy Gravy, "se você não tem senso de humor, simplesmente nada mais tem graça."

As práticas de atenção plena adaptadas neste livro requerem muito mais treinamento e compreensão do que sugere a definição do assunto no dicionário: "Fique atento." Muitos dos que dedicam suas vidas a dominar essa prática acreditam que tenham apenas rabiscado a superfície. Mas você não precisa esperar até que tenha completado anos de estudo para praticar a atenção plena com seus filhos, caso siga uma regra de ouro muito importante: *ensine apenas o que você aprendeu a partir da experiência direta.* Não sou capaz de enfatizar esse ponto o suficiente. Mas, se você leu sobre algum aspecto interessante da meditação e ainda não o experimentou por si mesmo, não o ensine. Crianças têm um faro para o que é autêntico e para o que não é.

Uma das professoras com quem trabalhei me fez a seguinte pergunta: "Eu não sou professora de piano, mas sei tocar a canção infantil 'Baa baa black sheep' e ensino a meus alunos da pré-escola a tocar essa música no piano. Posso ensinar a atenção plena, embora eu tenha tido apenas dois meses de treinamento?" Sim, claro, ela com certeza poderia ensinar o que aprendeu, mas eu a aconselhei a apenas ensinar o equivalente "Baa baa black sheep" da atenção plena. Naquele ponto, ela tinha uma sólida compreensão das qualidades calmantes da consciência da respiração e de como poderia ajudar crianças pequenas, então integrou essas práticas à sala de aula, e eu fiquei encantada ao saber que seus alunos eram participantes entusiasmados. No entanto, outros professores estiveram em apuros ao tentar ensinar algo que ainda não tinham vivido. Esse é um território perigoso e pode levantar questões éticas. Dito isso, você pode compartilhar a alegria da atenção plena com crianças quando estiver "experimentando uma prática" de fora para dentro, enquanto, paralelamente, continua a tentar incorporá-la de dentro para fora. "Experimentar uma prática" significa senti-la ao vivenciar seus passos e familiarizar-se com o que eles implicam, mesmo que ainda não entenda completamente o processo ou a teoria por trás da experiência. Conforme sua prática evolui, você será capaz de tentar coisas novas.

Aplicações práticas

Aqui estão algumas orientações para ajudar você a começar a prática:
- Encontre um sistema de apoio para acompanhá-lo ao longo desse caminho. É importante encontrar um professor de atenção plena que seja consagrado e conectar-se a outras pessoas que meditem regularmente há algum tempo.
- As pessoas amadurecem em ritmos diferentes, e os conceitos mais sofisticados da atenção plena estão fora do alcance de muitas crianças e adolescentes. Isso não significa que eles nunca serão capazes de compreender tais conceitos: só não estão prontos para fazê-lo ainda. Não cobre nada deles além do seu nível de conforto.

• Ao meditar com crianças, lembre-se de que você não sabe tudo sobre suas vidas interiores e exteriores, mesmo que sejam seus próprios filhos. Vá com cuidado quando crianças discutirem questões emocionais doloridas e não tenha medo de procurar ajuda profissional se uma delas disser algo que o incomode ou se essa criança estiver passando por uma dor emocional muito forte.

• Não insista para que uma criança medite nem discuta emoções dolorosas caso ela não queira.

• Coloque de lado qualquer julgamento ou análise durante a prática da atenção plena e comprometa-se com a experiência. Pensamentos sobre o que você gosta e não gosta, sobre como as crianças estão indo bem, sobre como gostaria de ter tido essa oportunidade quando era criança, sobre como as práticas podem ser tolas, sobre o quão profundo... esse tipo de análise é natural. Mas, ao praticar, você desenvolverá uma relação diferente com o pensamento e aprenderá que há muito tempo para reflexão e análise depois que terminar de meditar.

• Veja se você consegue ficar confortável com "não saber" ou pelo menos "não saber ainda". Se tiver dúvidas sobre a meditação durante a prática, certifique-se de pesquisá-las, mas somente quando terminar de meditar. Uma compreensão surgirá naturalmente através da prática.

• Estabeleça limites para as crianças de forma coerente com os princípios da consciência plena. Isto pode ser um desafio, mas aqui estão alguns truques básicos, entre os quais ferramentas de gestão de sala de aula testadas e verdadeiras, que também funcionam bem em casa:

Use todas as oportunidades que tiver para se comunicar com seu filho de forma não verbal. Por exemplo, se uma criança está falando fora de hora, em vez de pedir-lhe para parar, você pode fazer contato com os olhos, sorrir e colocar o dedo nos lábios, suas mãos no ouvido ou apontar na direção onde a criança deve centrar a atenção.

Os sinais de "silêncio" ou "levantar a mão" são ferramentas eficazes de gerenciamento de sala de aula que você pode levar para casa. A ideia é que, quando levantar a mão, isso signifique que todos que o vejam façam o mesmo. Quando suas mãos estão no alto, isso indica que não deve haver nenhuma conversa e que olhos e ouvidos devem estar focados em você. Uma variação do sinal silencioso é a utilização de um sinal verbal pedindo um gesto não verbal em resposta. Se seus filhos estão envolvidos em uma atividade, provavelmente não verão você levantar a mão. Nesse caso, basta dizer: "Se você está ouvindo minha voz, levante a mão." Mais uma vez, este gesto significa que as vozes devem estar em silêncio, e que olhos e ouvidos devem estar focados em você.

- Esteja ciente de como está se movendo e verifique se pode ser mais lento do que o seu ritmo habitual. É divertido mover-se em câmera lenta e ajuda as crianças a tornarem-se mais conscientes quando se movem, mais atentos sobre onde seus corpos estão em relação às outras pessoas e coisas. Também ajuda as crianças a sustentar um estado mental mais alerta quando mudam seu foco de uma atividade para outra.
- Ao praticar a atenção plena em conjunto, o seu foco e o de seu filho devem estar na mesma atividade. Se você está fazendo companhia para seu filho, por exemplo, enquanto ele pratica, pode ser confuso para ele se você se concentrar em uma coisa enquanto ele se concentra em outra. Ao direcionar sua atenção para o objeto da prática da consciência plena (o tambor, a respiração, um bicho de pelúcia em sua barriga), você modela o lugar onde a atenção do seu filho deve estar focada durante a prática.
- Seja tão coerente quanto possível e integre a consciência plena às suas atividades diárias. Nenhum de nós é perfeito (basta perguntar à minha família), mas quanto mais você integrar a atenção plena, mais seus filhos o farão e maiores serão as chances de isso se tornar algo natural.
- Dê um tempo para si mesmo. Cultive a paciência, e lembre-se de que há uma curva de aprendizado. A atenção plena vem com a prática.

• Seja espontâneo e criativo quando praticar com seu filho. Se pensar em uma maneira de integrar a atenção plena em algo que vocês já estão fazendo juntos, experimente. Há um número infinito de atividades de atenção plena esperando para serem descobertas, como lavar louça, dobrar roupas, fazer lição de casa, jogar, atender ao telefone e trabalhar no computador.

Se você está à procura de conselhos para a integração da atenção plena em sua vida familiar de forma significativa, o melhor que posso oferecer é estabelecer uma prática de meditação regular e, se possível, com os amigos ou a família. E então, abrace o que se identifica mais com você. Use sua própria experiência de meditação como bússola quando trabalhar com as crianças. Eu já vi pessoas tentando ensinar o caminho de outra pessoa, talvez seu próprio professor de meditação ou alguém famoso. Isso tende a não funcionar muito bem. Alguns de nós ficam mais confortáveis com práticas analíticas, outros com práticas de compaixão. Outros são melhores com música, arte ou com movimento. Pratique o que é verdadeiro para você. Contudo, ainda mais importante é praticar. E se isso não vier facilmente à primeira vista, não se preocupe. Apenas continue praticando.

Sua prática da atenção plena: encontrando companhias

Meditar com um grupo de amigos que possui ideias parecidas com as suas pode ser um apoio à prática de meditação e um auxílio para integrar a atenção plena na vida diária. Grupos fornecem suporte e incentivo, e podem melhorar a experiência de meditação dos participantes, porque todos em um grupo são beneficiados pelos esforços uns dos outros. O objetivo de um grupo de meditação é apoiar a descoberta pessoal de cada participante, e não dar conselhos ou resolver o problema do outro. O grupo atua como um espelho para cada membro. Acho que a música "I'll be your mirror", do Lou Reed, resume muito bem isso: "Eu serei seu espelho, refletindo quem você é, caso você não saiba."

O olho não pode ver sua própria pupila é um ensinamento que traduz um enigma fundamental no estudo da natureza da mente. A meditação é o estudo de nossas próprias mentes e, conforme nos propusermos esse estudo, devemos superar a limitação de que a mente não vê a si mesma. Mesmo que não possamos ver diretamente nosso rosto, nós já o vimos refletido no espelho e sabemos como é a sua aparência. O papel daqueles que acompanham outros em sua prática de atenção plena é agir como um espelho para eles e refletir suas palavras e ações, da mesma maneira que um espelho reflete a imagem do rosto de outra pessoa. Refletir habilmente a experiência meditativa de outra pessoa é uma arte, uma experiência profundamente comovente e favorável para todos os envolvidos. Praticá-la requer treinamento e orientação, já que projeções e percepções podem, muitas vezes, ser obstáculos no caminho.

Fazemos todo o esforço para apoiar os outros (e a nós mesmos) no processo de voltar-se, afastar-se e voltar-se novamente para nossas experiências a fim de descobrir o que está escondido dentro de nós. Um grupo de prática funciona como um espelho em outro importante aspecto: ao assistir nossas próprias mentes enquanto participamos de um grupo, agimos como um espelho para nós mesmos. Você não precisa de um grande número de pessoas para criar um sistema de apoio para a sua prática de meditação. Uma pessoa é suficiente.

Quando acompanhamos uns aos outros na prática de meditação, devemos:

• Observar nossa própria mente e agir como um espelho *para nós mesmos* para perceber como reagimos às experiências de outras pessoas e como reagimos às nossas próprias experiências;

• Ouvir com bondade e compaixão enquanto outras pessoas descrevem suas experiências de meditação;

• Agir como um espelho *para os outros*, refletindo de volta para eles as descrições de suas experiências, sem preconceito e sem manchar a reflexão com nossas próprias projeções.

Ao ouvir, falar e ver a nossa própria mente, é útil lembrar que:

• Quando nos tornamos conscientes de nossas qualidades negativas e de reações que temos em relação às experiências dos outros das quais não nos orgulhamos, é importante ser tão gentil, compreensivo e empático com nós mesmos quanto o somos em relação aos outros.

• Antes de fazer mais perguntas aos participantes sobre suas experiências, verifique primeiramente a sua motivação. Por vezes, essas perguntas são, na verdade, dúvidas camufladas sobre nós mesmos, que brotam de um desejo de explorar a nossa própria experiência pessoal. Às vezes estamos cientes disso, às vezes não. Certifique-se de que qualquer pergunta feita seja fundamentalmente sobre os outros participantes e sinceramente motivadas por um interesse em ajudá-los em seu processo de descoberta pessoal;

• Em algum ponto do processo de espelhamento, é provável que algo ou alguém provoque em você uma sensação de desconforto ou outro tipo de reação. Quando isso acontecer, não fuja. Em vez disso, observe seu desconforto, assim como observa suas experiências de meditação com curiosidade, bondade e compaixão.

Quando acompanhamos outras pessoas na prática de meditação, é útil lembrar que:

• Solidarizar-se com outras pessoas falando sobre como a experiência delas ressoa em você tende a não ser tão útil quanto fazer perguntas que os levem de volta à própria experiência direta deles;

• Tentar adivinhar o que pode estar acontecendo na prática de meditação da outra pessoa ou fazer comparações com sua própria experiência também tende a não ser tão proveitoso quanto fazer perguntas ao outro.

Juntos na Atenção Plena

Como muitos pais, já vivi muitas vidas diferentes. Vivi a vida de uma executiva corporativa, de uma mãe, de uma filha, de uma irmã, de uma mulher, de uma pequena empresária, de uma amiga, de uma voluntária, de uma pessoa doente, de alguém que estava subindo e de alguém que estava descendo. Em cada uma dessas vidas, tive praticamente a mesma conversa com diversos colegas, amigos e membros da família. Era algo assim:

> Desde muito jovem somos encorajados pelo mundo em que vivemos a nos esforçarmos para ser alguém especial ou fazer algo especial. É um mundo que separa as pessoas umas das outras e valoriza conquistas, glorificando resultados em detrimento do processo em si. Mas, à medida que amadurecemos, a busca por ser alguém ou fazer algo especial começa a parecer vazia. Descobrimos que não importa o quão sortudos sejamos, mesmo que tenhamos atingido nossos sonhos mais loucos ou chegado muito perto de realizá-los, começamos a sentir que há algo faltando. A cada conquista, o objetivo seguinte é sempre mais alto. Gostaríamos de saltar fora dessa roda gigante e parar de perseguir o tal anel de ouro que sempre foge ao nosso alcance, mas não enxergamos uma alternativa. Será por que não há uma alternativa ou isso é apenas uma falha de nossa imaginação? Muitos estariam dispostos a renunciar ao mundo material se realmente acreditassem que poderiam ser mais felizes com menos. Mas abandonar as conquistas não seria como descartar todas elas sem nenhuma discriminação? Existe uma maneira de abraçar esse paradoxo e melhor entendê-lo a fim de celebrar a vida que já temos?

Você deve ter tido conversas semelhantes com amigos e colegas. Ao procurar pessoas para participarem do seu grupo de meditação ou para simplesmente conversar sobre o assunto, eu o encorajo a conectar-se ou reconectar-se com aquelas pessoas com as quais você já questionou a vida e com quem buscou respostas. Eles serão o seu espelho nessa jornada e você será o deles.

3

Tão simples quanto respirar:
comece com calma
e relaxamento

ENCHA-SE DE AMOR
PERMANEÇA FELIZ E SEGURO
TENHA PAZ
NÃO HÁ PROBLEMAS

Aluno do primeiro ano do ensino fundamental.

Às sete da manhã de um dia de inverno rigoroso em Los Angeles, eu estava em uma sala de aula do ensino fundamental, sentada em uma cadeira projetada para uma criança de seis anos de idade. De um lado havia um tradutor e do outro um segurança, e eu estava ensinando a um grupo de mães, em sua maioria latinas, algumas técnicas simples de atenção plena à respiração. Eu queria ajudá-las a se sentir melhor, tanto física, quanto mentalmente, em meio às enormes pressões que carregavam todos os dias. Elas eram mães solteiras, vítimas de violência doméstica e maus-tratos. Meu trabalho era ensinar-lhes técnicas de atenção plena autodirigidas, que elas poderiam ensinar a seus filhos através de instrução direta ou por meio do exemplo, que é – de longe – o método de ensino mais poderoso que possuímos enquanto pais e mães.

Essas mulheres não pularam da cama para essa reunião cedo da manhã porque tinham um interesse apaixonado pela atenção plena. Poucas, se é que alguma, tinham ouvido falar sobre a prática antes de ler o folheto do abrigo e, depois de ler, muitas nem sequer tiveram uma impressão favorável. A maioria delas era católica devota, e algumas pensaram que a prática da atenção fosse uma religião mística. Outras acharam que fosse algo da Califórnia, ligado ao movimento New Age. Elas estavam céticas, mas ainda assim vieram para a sala de aula bem cedo para deitar sobre um piso frio e dar uma chance à atenção plena, pelo simples motivo de que elas fariam praticamente qualquer coisa que estivesse ao seu alcance para ajudar seus filhos a terem a chance de uma vida melhor. Ao final da aula, elas comentaram, uma após a outra, sobre o alívio de ter um tempo para si próprias, acalmar e sossegar suas mentes e corpos.

Na época, eu era relativamente novata no ensino da atenção plena para crianças e famílias e, por vezes, olhava ao redor da sala e pensava: como posso ter tanta certeza de que essas técnicas simples de respiração, as mesmas que me ajudaram a passar por um período particularmente traumático em minha própria vida, serão de ajuda para alguém? Uma coisa era trabalhar com crianças privilegiadas, com maior poder aquisitivo, cujos pais eram capazes de fornecer-lhes uma abundância de atividades. No fim das contas, ensinar a atenção plena às crianças não machucaria ninguém e as ajudaria a olhar as situações cotidianas de maneira nova, mesmo que brevemente.

Eu não me sentia desse mesmo jeito ao ensinar a técnica em um centro de violência doméstica. Em áreas carentes, tempo e energia são recursos tão escassos quanto dinheiro, e para minha própria paz de espírito eu tinha que ter 100% de certeza de que o que eu estava ensinando iria efetivamente ajudar essas famílias, e não ajudá-las só um pouco. A ajuda precisava ser significativa o suficiente para não apenas justificar que mães e filhos saíssem cedo da cama, mas, ainda mais importante, aumentar a esperança deles.

Quase uma década depois, vi os benefícios da atenção plena se manifestarem em muitas diferentes culturas, em todas as faixas etárias, percorrendo continentes. Aquelas dúvidas eu não tenho mais.

Encontrar o que já está presente

A clareza natural da mente de todos nós pode estar escondida pela agitação das conversas mentais da experiência cotidiana. Imagine que você está olhando para a superfície de um lago. Quando a água está parada, você pode ver através dela a areia e as pedras que estão no fundo. Mas, em um dia com muito vento, quando há ondas e ondulações na superfície da água, você não consegue enxergar esse fundo. A inquietação mental pode ser como o vento na superfície de um lago, provocando ondulações e ondas que escondem a mente quieta e clara que está abaixo. A introspecção acalma as ondas para que possamos, mais uma vez, ver o interior do lago através da água calma. O processo da introspecção acalma os pensamentos e as emoções inquietas, o que nos permite descobrir o silêncio e a clareza mental que já está presente. Não é fácil explicar esse conceito para as crianças apenas com palavras, mas você pode deixar mais claro com o auxílio de um copo de água e um pouco de bicarbonato de sódio.

JOGO DA MENTE CLARA

Pegue um cilindro de vidro cheio de água, coloque-o sobre uma mesa e peça a seus filhos que olhem através dele e vejam o que está do outro lado. Eles provavelmente verão você ou o que estiver sobre a mesa. Despeje uma xícara de bicarbonato de sódio na água e agite o cilindro. O que eles veem agora? Ainda conseguem enxergar o que está do outro lado através da água? Provavelmente não: o bicarbonato de sódio condensa o líquido e obscurece a visão. Assim como o bicarbonato de sódio na água, pensamentos e emoções podem criar confusão em nossas cabeças e embaçar nossas mentes, que são límpidas. Após um minuto ou dois, olhe de novo para a água. O que acontece quando você a deixa parada? Com certeza, quanto mais a água descansa, mais o bicarbonato de sódio assenta e mais clara a água se torna. Logo todo o pó irá se depositar no fundo do copo e seus filhos serão capazes de ver através do vidro novamente. O mesmo acontece com as nossas mentes. Quanto mais tempo descansamos no ritmo constante de nossa respiração, mais nossos pensamentos e emoções se acalmam, e mais claras as nossas mentes se tornam.

Em seu livro *Zen mind, beginner's bind*,[18] Suzuki Roshi descreve a mente clara como a "mente de principiante", como se fosse a mente de uma criança. A mente de principiante reflete um estado mental que é aberto e receptivo, uma consciência não reativa e não conceitual. Ela não é vazia, é uma lente através da qual nós experimentamos a vida de forma direta e clara. Explico essa maneira de ver e experimentar a vida através da comparação de duas diferentes perspectivas sobre um arco-íris. Alguém que sabe que o arco-íris existe, mas que nunca viu um, tem uma perspectiva conceitual bastante diferente de alguém que realmente já viu e experimentou a magia de um arco-íris no céu da tarde.

A mente de principiante é aberta e receptiva a novas ideias, e não fechada pelo fato de ter aderido rigidamente àquilo que acredita ser verdade. Colocar conceitos e ideias preconcebidos de lado para olhar para algo com novos olhos é uma das qualidades mais difíceis de cultivar na prática da atenção plena, e algo difícil de descrever. No entanto, eu me deparei com uma maneira de fazê-lo quando menos esperava. Ao preparar o café da manhã na época em que meus filhos eram menores, abri uma lata de aveia Quaker e fui pega de surpresa. Em vez de encontrar farinha de aveia, encontrei um tesouro valioso de joias de vidro coloridas e brilhantes que minha filha havia escondido. De alguma forma, esse baú do tesouro na lata de aveia acabou voltando para o armário da cozinha. Quando eu vi o que estava lá dentro, minhas expectativas foram descartadas e eu experimentei um momento de saber não cognitivo – um flash de consciência – que quebrou a agitação da minha rotina matinal. "Ahá!", disse a mim mesma, "Essa é uma maneira de começar uma conversa com as crianças sobre a mente de principiante." Então coloquei a lata de aveia em minha mochila e saí para dar aula. Desde então, tenho usado a lata de aveia muitas vezes

---

18 Shunryu Suzuki, *Zen mind, beginner's mind*, Nova York, Weatherhill, 1973. Há edição brasileira para o título: Shunryu Suzuki, *Mente zen, mente de principiante*, São Paulo, Editora Palas Athena, 1994.

como recurso visual em um jogo de atenção plena que chamo de "O que está dentro da caixa".

O QUE ESTÁ DENTRO DA CAIXA

Pegue uma caixa vazia de cereal matinal e coloque algo divertido dentro. Por exemplo, algumas cartas de baralho, um carrinho de brinquedo ou peças de Lego. Coloque a caixa no meio da roda das crianças ou sobre a mesa com seus filhos e peça-lhes para adivinhar o que, além de cereais, poderia estar dentro dela. Ouvi respostas que variavam de "aveia" até "lagartos". Depois que todos tiverem sua vez de adivinhar, faça perguntas às crianças sobre o que sentem por não saberem o que está dentro da caixa. Será que elas querem saber? Houve algum tempo em suas vidas quando algo estava acontecendo e elas não sabiam o que era? Como foi? Como é a sensação de estar muito curioso e ansioso para descobrir? Sente-se com as crianças e preste atenção ao sentimento de não saber alguma coisa. Pergunte a elas como seus corpos se sentem quando não têm conhecimento do que vai acontecer a seguir. É confortável ou desconfortável? Alguém se sente animado? Pergunte se elas sentem um frio na barriga. Veja se você e as crianças podem sentir a energia e a emoção de não saber encherem a sala. Se puderem, simplesmente sentem e respirem, interiorizando tudo isso. Agora elas podem olhar dentro da caixa!

A mente de principiante é a coisa mais natural do mundo, mas muitos de nós já a temos condicionada para fora de nós mesmos muito antes da idade adulta. É o padrão predeterminado da mente de uma criança, mas, às vezes, inadvertidamente, nós a condicionamos para fora delas também. Quando se trata de trabalhar com crianças e especialmente adolescentes, me lembro do refrão da música "Anyone Can Whistle" ("Qualquer um pode assobiar"), de Stephen Sondheim: "O que é difícil é simples. O que é natural, chega com dificuldade." Mesmo com as melhores intenções, nem sempre simplificamos a vida para as crianças.

Muitas das crianças para quem dou aula são extremamente talentosas. Eles tiram boas notas, fazem parte do time esportivo principal do colégio, fazem shows solo, realizam proezas no serviço comunitário, têm bons resultados nas provas: seja o que for, acertam em cheio. O sucesso mundano chega até essas crianças e jovens com relativa facilidade. E não é de se admirar: muitos deles viram o modelo de sucesso de seus pais desde pequenos. A boa notícia é: ao sermos modelos de trabalho árduo, ajudamos a fazer com que coisas difíceis, tal como trabalhar duro, sejam algo natural para nossos filhos. O outro lado da questão é que, ao fazermos isso, muitas vezes transformamos coisas naturais – como encontrar o caminho de volta para a mente de principiante aberta, infantil e curiosa em algo muito, muito difícil.

Amizade

Uma maneira de pais e filhos encontrarem seu caminho de volta para a clareza da mente de principiante é viver de uma forma que promova carinho, bondade, alegria, equanimidade, paciência, generosidade, humildade, felicidade para os outros, compaixão e caridade. Eu conto a meus alunos uma história sobre uma criança que vive dessa maneira, um relato clássico da atenção plena.[19]

> A PRINCESA BONDOSA E GENTIL
> *Certa vez, fiquei sabendo de uma princesa bondosa que vivia em um reino mágico. Quando ela era pequena, todas as famílias reais do império enviavam seus filhos para internatos. Quando*

---

19 Embora eu tenha agido com muita liberdade em relação à história da princesa amável e gentil, ela é baseada no ensinamento clássico de Shantideva, *A guide to the bodhisattva's way of life*, Nova Deli, Library of Tibetan Works and Archives, 1979.

o momento de ir para a escola chegou, a princesa arrumou sua mochila, se despediu dos pais e seguiu ao longo de uma estrada de terra sinuosa até a Escola da Sabedoria. Essa escola era especial, porque os professores sábios de todo o reino iam até lá lecionar. Quando eles davam aulas, os acadêmicos sentavam em um trono coberto de joias que flutuava acima do pátio e seus alunos sentavam-se abaixo, em um gramado tão verde que chegava a brilhar. O colégio era famoso por essas palestras, e as pessoas vinham de aldeias e cidades vizinhas para ouvir, exclusivamente, as palavras de ouro de seus palestrantes.

A princesa bondosa e gentil estava animada quando chegou lá, mas logo percebeu que não se encaixava no grupo. Ela não fazia o que as outras crianças faziam e não dizia o que as outras crianças diziam. Seus amigos e professores pensavam que tudo o que a princesa bondosa fazia era sonhar acordada. Seus professores nunca a viam estudar e ela parecia dormir o tempo todo. Como eles não sabiam o que fazer com ela, decidiram testar seu conhecimento. Os professores pediram à estudante sonhadora que desse uma palestra no pátio, na esperança de que ela fosse estudar para não passar vergonha na frente de amigos e vizinhos. A princesa bondosa concordou, mas, ainda assim, não estudou. O dia de sua palestra se aproximava e seus professores estavam muito, muito preocupados.

Quando chegou a hora, a princesa gentil subiu ao trono, que era reservado para a mais sábia das pessoas, e começou a falar. Enquanto se expressava, um grupo de amigos e pessoas da vizinhança se reuniu no pátio da escola. Do alto do trono flutuante, a princesa sonhadora falou a todos sobre a promessa que tinha feito para si mesma, de ajudar a serem felizes todas as pessoas que encontrasse. Sua voz espalhou-se por toda a vizinhança e logo o pátio estava cheio de moradores da cidade que haviam sido atraídas para a escola pelas palavras da princesa.

A multidão extasiada ouviu a princesa dizer que queria preencher as casas das pessoas com uma música suave. Eles *também ouviram que ela desejava que o céu chovesse flores em seus quintais, e que queria ser um guarda-costas para manter amigos e família a salvo. Ela queria ser um barco, uma jangada ou uma ponte para ajudar seus amigos a atravessarem rios tempestuosos; uma cama macia onde as pessoas pudessem descansar quando estivessem cansadas; uma lanterna para aqueles que têm medo do escuro. A princesa queria ser uma médica para curar os doentes e uma lâmpada mágica que pudesse transformar os desejos de outras pessoas em realidade. Esses são apenas alguns dos desejos carinhosos que a generosa sonhadora contou para aqueles que a ouviram naquele dia.*

Há mais sobre essa história e vou contá-la no capítulo 9. Agora, enquanto digito concentrada em meu quarto, enquanto Seth está em seu computador no andar térreo, enquanto Gabe toca sua guitarra e Allegra luta contra a gripe deitada na minha cama, eu gostaria de enviar alguns desejos carinhosos para você.

Que você mantenha sempre seu senso de humor.
Que se divirta praticando a atenção plena com as crianças.
Que você goste do processo de descoberta que define esse trabalho e fique confortável em não saber todas as respostas.
Que você lembre que ajudar crianças a estarem mais conscientes sobre elas mesmas, sobre os outros e sobre o planeta é, de fato, um trabalho sério.
Tanto quanto amar, cantar, dançar, gargalhar, brincar e se divertir o são.

Desejos carinhosos como os que a princesa bondosa e eu enviamos podem parecer um pouco piegas, mas são componentes-chave da prática da atenção plena para as crianças, por manifestarem consideração e compaixão. E, se você já teve contato com a prática clássica da bondade amorosa, isso pode lhe soar familiar.

Transmitindo desejos carinhosos

Minhas práticas clássicas favoritas cultivam a boa vontade, e essas foram algumas das primeiras práticas que compartilhei com as crianças. Mas, quando deixei de trabalhar exclusivamente com crianças mais velhas para trabalhar com crianças de quatro anos, precisei encontrar um nome que descrevesse o que estávamos fazendo de uma forma que crianças pequenas pudessem se relacionar e entender. Recorri a Gay MacDonald, educadora do jardim da infância com mais de 25 anos de experiência ensinando crianças da pré-escola e que tem cerca de 350 crianças sob seus cuidados a cada ano em cinco escolas na UCLA (Universidade da Califórnia). Ela sugeriu que eu falasse sobre a bondade amorosa no contexto da amizade. A partir dessa conversa, nasceu a prática de *enviar desejos carinhosos*.

Há oportunidades ocultas para a prática de desejos carinhosos em cada aspecto da vida, e o único limite para elas é a sua imaginação. Professores e pais com quem já trabalhei teceram desejos carinhosos nas atividades cotidianas, inspirados por piscinas, shows de rock, e florestas isoladas e tranquilas. Eu incentivo você a olhar para pessoas, lugares, animais de estimação e outros seres vivos que foram significativos em sua vida e usar essas memórias como uma fita de seda a partir da qual você pode tecer seus próprios desejos carinhosos. Para ajudá-lo a começar, aqui está um quadro geral inspirado na prática clássica da bondade amorosa, mas modificado para crianças cujas mentes, devido ao estágio de desenvolvimento, ainda podem ter dificuldades com conceitos abstratos.

• Peça às crianças que enviem desejos carinhosos para si mesmas, imaginando que estejam felizes e se divertindo, que estejam saudáveis e que estejam seguras com a família e os amigos.

• Em seguida, sugira que escolham um amigo ou membro da família, de preferência alguém que esteja na sala com eles e, silenciosamente, envie desejos carinhosos concebidos especificamente para essa pessoa. Por exemplo: "Papai, eu quero que você seja feliz; espero que todos os seus sonhos se realizem; que seja saudável e forte; que sinta muito amor em sua vida; que chegue cedo em casa do trabalho para que possa brincar comigo; espero que se sinta em paz e tranquilo; desejo que esteja sempre seguro."

- Depois de enviar desejos carinhosos para alguém que conhecem, de preferência para quem esteja na mesma sala, sugira que enviem para pessoas que não estejam presentes, começando pela família e pelos amigos, depois para pessoas conhecidas, para aqueles que ainda não conhecem mas gostariam de encontrar e, finalmente, para todos os seres vivos do mundo. As crianças podem imaginar-se dizendo a essas pessoas, lugares e coisas vivas: "Eu espero que você seja feliz; que você tenha saúde e se divirta bastante, que esteja seguro e nunca se machuque e que viva em paz junto das pessoas que ama."
- Crianças mais velhas e adolescentes podem enviar desejos carinhosos para pessoas que os incomodam ou que estão passando por uma fase difícil. No entanto, evito essas práticas com crianças menores.
- Com crianças pequenas, encerro o círculo de desejos carinhosos pedindo que elas internalizem a si mesmas novamente e digam a si mesmas em silêncio: "Que eu seja feliz, que eu seja saudável e forte, que eu me sinta confortável, segura e viva em paz com minha família, meus amigos, meus animais de estimação e todos aqueles que amo."

"Desejos carinhosos" é uma entre várias práticas que podem levar crianças a experimentar a mente de principiante. Outra forma é a atenção plena à respiração.

Inspire... expire

A maioria de nós é capaz de identificar um momento em que nos encontramos em um estado mental transcendente ou com a mente de principiante. Essas experiências podem surgir de lugar nenhum e ser poderosas a ponto de mudar a nossa vida. Imagine treinar sua mente para ser cada vez mais hábil em acessar esse estado mental a qualquer hora e em qualquer lugar que quiser. Relativamente poucas pessoas dominaram essa habilidade completamente, mas o treinamento para desenvolver a capacidade mental para fazê-lo é extremamente direto e até simples. Tão simples quanto respirar.

Uma mente não treinada pode ser comparada a um elefante selvagem que caça pela floresta e destrói tudo à sua frente. Um elefante selvagem tem um enorme potencial para o bem, mas o desafio é treiná-lo. A imagem clássica para o treinamento de um elefante selvagem é amarrá-lo a um poste. No início, o elefante puxará e tentará se desvencilhar, mas a corda o manterá preso. Eventualmente, ele perceberá que o esforço é inútil e ficará tranquilo. No início do aprendizado da atenção plena à respiração, a mente destreinada vagueia de um pensamento para outro, de uma história para outra, assim como um elefante selvagem que tenta se afastar do poste. Na prática da atenção plena à respiração, o poste é o ato físico de respirar, e a corda é a atenção plena que traz nossa atenção gentilmente de volta para a respiração. Se formos pacientes e nos dermos o tempo e o espaço para isso acontecer, assim como um elefante amarrado a uma coluna, nossas mentes e corpos irão se assentar pacificamente quando praticarmos a atenção plena à respiração.

Ao fazer essa prática, sentimos o que está acontecendo em nossas mentes e corpos enquanto repousamos na sensação de nossa respiração. Não existe uma maneira correta ou errada de respirar; respirações longas não são melhores do que curtas, respirações profundas não são melhores do que rasas. Também não há necessidade de fazer nada especial – o objetivo é experimentar plenamente o que é estar vivo agora, neste momento presente. Faça uma tentativa, primeiramente sozinho e, em seguida, junto com seus filhos. Existe um ensinamento clássico que os pais, mesmo aqueles com experiência em atenção plena, muitas vezes esquecem: "Quando você protege a si mesmo, protege os outros. Quando protege os outros, protege a si mesmo."[20] Pais e mães são conhecidos por colocar as necessidades de todos os outros membros da família antes das suas. Apesar de nossas boas intenções, é possível perder a conexão entre cuidar da família e cuidar de nós mesmos. Parafraseando um grande professor de atenção plena: "Se você está afundado na lama, não pode ajudar outros a saírem dela.

"Então, antes de praticar a atenção plena à respiração com seu filho, experimente sozinho para ver os benefícios em sua própria vida. Uma vez que tenha a compreensão da respiração consciente, você será capaz de ensinar a ele." Mas, primeiro, você e as crianças precisam encontrar uma postura de meditação sentada e confortável.

DE PERNAS CRUZADAS

Imagine um banquinho de três pernas com seu peso uniformemente distribuído. Essa é a ideia por trás de uma pose que as crianças chamam nos EUA de *crisscross applesauce*, com as pernas cruzadas, neste caso sobre um travesseiro, colocando uma perna sobre a outra, com o peso distribuído igualmente entre os dois joelhos e o bumbum. Nessa posição, suas costas ficam retas e seus olhos fechados ou com o olhar voltado suavemente para baixo. Em algumas tradições, esse olhar descendente suave é chamado de "modéstia dos olhos". Se for difícil sentar de pernas cruzadas no chão, há posições menos extenuantes e igualmente estáveis, incluindo ficar de joelhos sobre uma almofada ou meditar em um banco, bem como sentar em uma cadeira com as costas retas e os pés apoiados no chão, próximos um ao outro.

As crianças às vezes relaxam a postura durante a meditação e frequentemente seus corpos ficam tensos quando se sentam retos.

---

[20] Bhikku Bodhi (organização), *The Vision of Dhamma: buddhist writings of Nyanaponika Thera (Vipassana meditation and the Buddha's teachings)*, Onalaska (Washington), Pariyatti Publishing, 2000, p.309 e p.323.

Para ajudá-las a encontrar uma postura relaxada e ereta, tente usar a técnica de se fechar com um zíper, de baixo para cima. Faça junto com elas, imaginando que você tem um zíper correndo pelo meio do seu corpo, começando pelo umbigo e terminando logo abaixo do queixo. Com uma mão na frente do tronco, perto do umbigo, mas sem tocá-lo, e a outra mão atrás do tronco, perto da base da coluna, também sem tocá-la, mova suas mãos ao longo de sua coluna vertebral e peito, e sobre o seu queixo, enquanto diz: "Ziiiiiiiiiiiper!" Agora que você está "fechado", com as mãos esticadas sobre a sua cabeça em direção ao céu, faça um "viva!", um gesto de alegria silencioso agitando as mãos sem dizer uma palavra. Em seguida, solte os braços para trás e para baixo e comece tudo de novo, com uma mão na frente e a outra nas costas. Feche o zíper e comemore novamente em silêncio antes de soltar as mãos de volta para baixo e repousar suavemente sobre seus joelhos.

Nessa postura centrada e confortável, você e seus filhos estarão prontos para levar o foco de sua atenção para a sensação da respiração, enquanto ela se move para dentro e para fora de seus corpos.

PRÁTICA DA ATENÇÃO PLENA À RESPIRAÇÃO

No início de cada período de meditação, libere toda a tensão física possível a fim de descansar em uma sensação de conforto e espaço. Relaxe seu corpo e sua mente e, sem grande esforço ou expectativa, deixe sua mente se estabelecer em seu estado natural – aberto, claro e expansivo – enquanto você dá ao corpo e à mente uma oportunidade para descansar. Independentemente de onde você esteja agora e de o que tiver que fazer mais tarde, neste momento a única coisa a fazer é meditar e descansar. Não há nenhum outro lugar para o qual você precise ir. Não há mais nada que precise fazer. Não há ninguém que precise agradar. Agora, nada é mais importante do que cuidar de você mesmo. Assim, por apenas alguns minutos, dê uma pausa a si mesmo. Sinta a sensação de sua respiração como ela é agora, sem a manipular de forma alguma. Talvez sua respiração seja lenta e constante, talvez rápida e curta. Talvez seja regular, talvez não. Não importa se é de uma forma ou de outra. O que importa é que você preste atenção a como sente a respiração, sem analisá-la, sem fazer absolutamente nada que não seja descansar na experiência de respirar e de estar vivo.

Não se preocupe se você ou seus filhos se sentirem fisicamente desconfortáveis nas primeiras vezes que se concentrarem na respiração dessa maneira. Não é incomum para as crianças sentir como se a respiração estivesse apertada, ou reconhecer pela primeira vez que eles respiram pela boca em vez de pelo nariz e não gostar da forma como se sentem. Também não é incomum que uma emoção desagradável ou difícil chegue de imediato. Tudo isso é perfeitamente natural. Apenas incentive as crianças a perceberem o sentimento e colocar de lado a sua análise por enquanto. Abaixo está a maneira como eu explico isso aos meus alunos (você pode colocar em suas próprias palavras quando descrever para seus filhos):

EXPLICANDO A ATENÇÃO PLENA À RESPIRAÇÃO PARA CRIANÇAS

Algo engraçado acontece comigo quando observo minha respiração e talvez isso também aconteça com você. Apenas ao observar, sem fazer nada, a maneira com que eu respiro pode mudar. Muitas vezes, apenas observando minha respiração, ela fica mais profunda e mais lenta e o espaço entre a inspiração e a expiração cresce. Isso é incrível! Então, algo mais acontece. Como a respiração começa a abrandar e aprofundar, meu corpo e mente começam a se sentir diferentes. Quando a respiração se torna mais lenta e silenciosa, e eu sou capaz de me concentrar nela excluindo todo o resto, meu corpo tende a relaxar e, enquanto meu corpo relaxa, muitas vezes eu sinto minha mente lenta e silenciosa.

Mas, às vezes, eu simplesmente não consigo me concentrar em minha respiração sem me distrair com o que estou pensando ou sentindo. Minha mente não acalma e meu corpo não relaxa. Na verdade, acontece o contrário. Se estou preocupada com alguma coisa e não consigo me concentrar, minha respiração pode ficar curta e rápida e meu corpo sente as consequências desse estado de preocupação ou aborrecimento. Se isso também acontecer com você, não se preocupe; é completamente natural e faz muito sentido, uma vez que você está pensando sobre algo que o incomoda. Quando você está pensando sobre algo perturbador, não está concentrado em sua respiração, mas em outra coisa. Então, quando perceber que está pensando em seus problemas, traga sua atenção suavemente de volta para a respiração e veja se começa a se sentir melhor. Esse momento antes de mudar sua atenção de volta para a respiração, quando você percebe que está distraído, é, na verdade, um momento de consciência plena.

Antes de praticar a atenção plena à respiração com crianças pequenas, eu converso com elas sobre como respiração, corpo e mente tendem a mudar quando prestamos atenção à nossa respiração dessa maneira. Quando trabalho com crianças mais velhas e adolescentes, eu não descrevo o processo. Em vez disso, praticamos juntos e então faço perguntas que espero que os levem a reconhecer seus próprios processos. Pergunto, por exemplo: Como foi sua primeira prática de atenção plena à respiração? Você manteve a mente na sua respiração? Sua respiração mudou enquanto praticava? Isso os incentiva a primeiro olhar para dentro antes de responder e, em seguida, a confiar em seu próprio entendimento do que aconteceu.

Recentemente perguntei a um aluno de oito anos chamado Carey sobre sua prática de meditação. Quando começamos a trabalhar juntos, ele ainda não conseguia sentar por período algum, nem era capaz de conter seus pensamentos. Carey precisava expressar qualquer pensamento que surgia, sempre que surgia. Trabalhei com ele duas vezes por semana ao longo de um período de três semanas e, na sexta sessão, ele me disse: "Quando eu estou com raiva, minha respiração é forte como um leão. Se estou animado, é como um esquilo correndo por aí. Quando tenho sono, a respiração é lenta como uma tartaruga." Aqui está um garoto que entende como sua respiração se relaciona com diferentes estados de mente e de corpo.

Geralmente, quando praticamos a atenção plena à respiração, sem fazer nada de especial com a respiração, repousamos em sua habitual curva ascendente e descendente. À medida que nos encaixamos em nossa respiração, podemos notar as mudanças que ocorrem naturalmente em nossos corpos e mentes. Assim como Carey, começamos a entender que diferentes formas de respiração afetam nossas mentes e corpos. Às vezes, as crianças precisam de ajuda para ver essas conexões e, mesmo aquelas que podem fazer conexões por conta própria, às vezes levam um longo tempo para entendê-las. Você pode acelerar o processo com as crianças respirando lenta ou rapidamente, e pedindo-lhes para fazer conexões entre como respiram e o que acontece em suas mentes e corpos. Em geral, as crianças se sentem mais calmas quando respiram lentamente do que quando respiram rapidamente, mas nem sempre. Sem uma prática como essa levando as crianças a fazerem uma associação entre a respiração, o corpo e a mente, pode ser difícil para elas conectarem as três coisas. É ainda mais difícil, se não impossível, para crianças pequenas fazerem essa conexão. Portanto, não as force para além de sua capacidade. Com isso em mente, aqui está um exercício apropriado para tentar fazer com crianças de qualquer idade.

FAZENDO CONEXÕES ENTRE RESPIRAÇÃO, CORPO E MENTE

Verifique como seu corpo e sua mente se sentem agora. Faça três respirações profundas e verifique seu corpo e mente novamente. Alguma coisa mudou? Considere três partes separadas da respiração: a inalação, a exalação e a pausa entre as duas. Vamos observar cada uma dessas partes e ver o que acontece. Sentados confortavelmente, vamos prestar atenção em absolutamente tudo nela.

1. Primeiro, vamos ver como nos sentimos quando nossas respirações são longas. Inspire e expire longamente. Preste atenção na sua longa inalação. Agora preste atenção na sua longa exalação. Como é? Onde você a sente no seu corpo? São rápidas? Lentas? Legais? Quentes? Suaves? Difíceis? Estáveis? Observe como seu corpo está se sentindo agora. Será que o seu corpo está diferente? Como? Onde? Na sua cabeça, no seu estômago, nos seus ombros, no seu pescoço?

2. Em seguida, vamos observar o que sentimos quando as nossas respirações são curtas. Inspire e expire rapidamente. Preste atenção à sua inalação curta. Agora, preste atenção à sua curta exalação. Como é? Onde você as sente? São rápidas? Lentas? Legais? Quentes? Suaves? Difíceis? Estáveis? Observe como você está se sentindo agora. Será que o seu corpo sente o mesmo quando você faz respirações longas e quando faz respirações curtas? Se não sente, o que é diferente? Onde você sente as discrepâncias? Em seus ombros? No pescoço? Nas costas?

3. Agora, respire naturalmente. Preste atenção na inalação, na exalação e no espaço entre elas. Observe o início e o fim de cada inalar e cada exalar. Você consegue descansar no espaço entre os dois, estendendo-o por um momento? Como se sente? Alguma coisa muda na sua mente e no seu corpo? Há alguma parte do seu corpo que se sente diferente em comparação com o momento anterior?

4. Deixe a sensação de sua respiração desaparecer ao fundo enquanto você foca sua atenção no corpo como um todo.

Como seus braços se sentem? Suas pernas? Estômago? Testa? Ombros? Está com fome? Frio? Calor? Relaxado? Tenso? Quando você muda a maneira como respira, seu corpo sente a mudança também?

5. Agora, use sua respiração para desacelerar e relaxar. Inspire e deixe seus músculos descansarem. Expire e deixe qualquer tensão que exista em seu corpo e sua mente ir embora. Inspire e deixe seus músculos repousarem. Expire e deixe ir qualquer tensão. Inspire, relaxe. Expire, descanse. Inspire, relaxe. Expire, descanse.

Atenção plena à respiração – enquanto deitado e em movimento

Há pessoas que acham que sentar em silêncio para a prática de atenção plena é difícil, se não impossível, e nesses casos é possível praticar enquanto se movem ou estão deitadas. Praticar a atenção plena à respiração enquanto deitamos é uma rotina útil para a hora de dormir e também funciona bem antes da hora do intervalo da escola. E, já que as crianças vão deitar em silêncio por um período relativamente longo, é útil começar com um alongamento. Qualquer atividade de alongamento de dança ou ioga é válida. Eu gosto da técnica *Starfish Stretch*, ou "Alongamento da Estrela do Mar", porque combina a atenção plena à respiração com alongamento.

ALONGAMENTO DA ESTRELA DO MAR

Antes de começar este alongamento, eu converso com as crianças sobre como a estrela do mar tem cinco membros que se reúnem no centro de seus corpos. Quase tudo o que uma estrela do mar faz começa a partir do seu centro. Estrelas do mar comem a partir dos seus centros e seus movimentos começam a partir de seus centros. Falamos sobre como as pessoas também fazem muitas coisas a partir dos seus centros. Nós até respiramos a partir dele. Em seguida, todo mundo encontra um lugar no chão onde pode deitar de barriga para cima e esticar seus braços e pernas para os lados como uma estrela do mar, sem tocar em ninguém. Imaginamos que nossos dois braços, duas pernas e cabeças (incluindo o pescoço) são os cinco membros da estrela do mar. Enquanto respiramos profundamente a partir de nossos abdomens (os nossos centros), esticamos todos os cinco membros contra o chão como uma estrela do mar, imaginando que o movimento começa no meio e se espalha através de nossos braços, pernas, pescoços e peitos até nossas mãos, pés e cabeças. Após o alongamento enquanto inspiramos, exalamos e relaxamos, descansando nossos corpos no chão – braços, pernas, costas, mãos, pés, pescoços e cabeças. Em seguida, esticamos nossos cinco membros (incluindo a cabeça e o pescoço) novamente, enquanto inspiramos. Quando expiramos, relaxamos e deixamos qualquer tensão que reste em nossos corpos cair pelo chão e ir para debaixo da terra.

Repetimos o alongamento da estrela do mar algumas vezes antes de entrar na posição imóvel, deixando o peso de nossos corpos relaxar no chão. Agora estamos prontos para descansar e colocar nossos bichos de pelúcia para dormirem.

Ninando um bicho de pelúcia com sua respiração

Peça a seus filhos para deitarem de barriga para cima com as pernas apoiadas no chão (ou colchão), braços ao lado do corpo e, caso sintam-se confortáveis em fazer isso, com os olhos fechados. Uma vez que as crianças estiverem confortáveis, incentive-as a deixar o peso de seus corpos cair no chão ou colchão abaixo deles e relaxar. Então, coloque um bicho de pelúcia em cada uma de suas barrigas. O ideal é que você use suas próprias palavras ao guiá-las nesse exercício, mas, caso ache útil, ofereço este exemplo do que pode ser dito:

Veja se consegue relaxar e sentir sua cabeça contra o travesseiro.

Suas costas contra o chão. Seus braços ao seu lado. Sinta o peso do bichinho de pelúcia em sua barriga. Agora, imagine que você está balançando suavemente o bichinho com a sua respiração: conforme você inspira, sua barriga se enche de ar e ele vai para cima; ao expirar, sua barriga se esvazia e ele vai para baixo. Inspirando, o bichinho sobe, e expirando, ele desce. Você não precisa alterar sua respiração ou fazer qualquer coisa, basta observar como se sente enquanto você respira para dentro e para fora. Se você gosta de imaginar que seu bicho de pelúcia é real, pode fazer de conta que está colocando-o para dormir com um balanço suave em sua barriga, enquanto a respiração entra e sai.

Você pode sugerir um ou todos os itens abaixo, dependendo da capacidade do seu filho de se deitar confortavelmente, calmo e quieto, durante um período prolongado de tempo. Essas instruções são semelhantes às que uso quando as crianças praticam atenção plena à respiração estando sentadas, mas modifiquei para usar com crianças mais jovens que estão deitadas.

- Você pode notar que, ao prestar atenção à sua respiração, ela muda naturalmente. Por exemplo, pode se tornar mais lenta e profunda.
- Você pode notar que, ao prestar atenção à sua respiração, o espaço entre as inspirações e expirações se prolonga.
- Você pode notar que, ao prestar atenção à sua respiração, as sensações em seu corpo mudam naturalmente. Por exemplo, ele pode se sentir mais calmo e relaxado.
- Você pode notar que, conforme sua respiração se torna mais lenta e profunda, fica mais fácil deitar em silêncio, e sua mente pode, naturalmente, desacelerar e se tornar mais calma também.
- Você pode notar que, enquanto todos na sala desaceleram e percebem suas respirações, a atmosfera no espaço muda e parece um pouco diferente. Talvez fique mais fácil descansar e fazer de conta que você está balançando seu bicho de pelúcia para ele dormir.

- Você pode notar que fica mais fácil prestar atenção quando seus amigos, irmãos e pais também estão prestando atenção. Isso é trabalhar em equipe e é o que acontece quando trabalhamos juntos.

Ao final dessa prática, convido as crianças a enviar silenciosamente desejos carinhosos, caso ainda estejam acordadas. Para motivá-las, você pode expressar tranquilamente aspirações que são significativas para você e sua família. Por exemplo:

Primeiro, peça às crianças que enviem desejos carinhosos para si mesmas:
"Que eu possa ser feliz; que eu possa ser saudável e me divertir muito; que eu possa estar em segurança e ser forte; que eu possa viver em paz com minha família e com as pessoas que eu amo…"

Em seguida, para os outros:
"Que todos sejam felizes; que todos possam ter em suas vidas pessoas que amem. Eu quero que todos no mundo tenham uma casa onde se sintam confortáveis e seguros; espero que todo mundo esteja saudável e tenha muita comida de qualidade para se alimentar; eu desejo que todos neste mundo enorme possam viver juntos em paz."
E eles podem enviar desejos carinhosos para os bichos de pelúcia que estão ninando:
"Vamos fazer de conta que seu bicho de pelúcia tem sentimentos reais, e que adora balançar para cima e para baixo em sua barriga enquanto você respira. Vamos colocar nossas mãos sobre os bichinhos e fazer carinho. Imagine que nós estamos dizendo a eles: 'Eu espero que você esteja feliz; eu espero que você sinta o amor; quero que você tenha uma vida pacífica; espero que muitas crianças brinquem com você e enviem desejos carinhosos'."

Não se surpreenda se seus filhos não ficarem em silêncio nas primeiras vezes, ainda que estejam deitados. Um dos meus alunos do programa para crianças de quatro anos teve dificuldade porque não gostou quando eu falei sobre os animais de pelúcia como se fossem reais. Ele me interrompeu repetidamente para sussurrar que seu sapo não era real. Toda vez que ele dizia que os bichos de pelúcia não estavam vivos, eu o lembrava que estávamos apenas fazendo de conta. Depois de vários minutos, ele pareceu satisfeito com a minha explicação e, por fim, encontrou uma maneira de se acalmar, enrolando-se em um cobertor e rolando para trás e para frente, balançando-se para dormir em vez de balançar o bicho de pelúcia. Esse movimento rítmico e repetitivo ajudou-o a relaxar e, finalmente, a ficar deitado e parado.

A utilização de movimentos rítmicos e repetidos, como o balanço que confortou meu aluno da pré-escola, é comum em atividades contemplativas e calmantes em todo o mundo: os judeus hassídicos e monges tibetanos balançam para a frente e para trás, enquanto memorizam um texto; anciãos americanos nativos balançam enquanto entoam cânticos; fãs de esportes balançam de um lado para outro nos estádios; idosos sentam-se em cadeiras de balanço em suas varandas; mães balançam seus bebês para dormir. Percebendo todo o balanço e movimento que perpassa as tradições, fiquei curiosa para descobrir o que, cientificamente, ele provoca. Então procurei a educadora e terapeuta de dança e movimento, Dra. Suzi Tortora, que tinha sido professora de dança da minha filha em Garrison, Nova York. Tortora conectou os movimentos de balanço e movimento a dois sistemas sensoriais essenciais e muitas vezes esquecidos: o sistema proprioceptivo e o sistema vestibular. Ambos são frequentemente subdesenvolvidos em crianças com atrasos de desenvolvimento, em particular aquelas que têm desafios na integração sensorial.

O sistema proprioceptivo é de feedback. Através dele, você sabe onde seu corpo está no espaço, tanto em relação a você mesmo quanto em relação a outras pessoas e coisas. Para ter uma noção do sistema proprioceptivo, feche os olhos ou olhe em frente e erga lentamente um braço enquanto presta muita atenção a todas as sensações que acompanham esse movimento. Mesmo que não esteja olhando para ele, você sabe onde seu braço está graças ao sistema proprioceptivo.[21] O sistema vestibular gerencia os seus sentidos de equilíbrio, estabilidade e tônus muscular. Também afeta a capacidade das crianças de selecionar e manter a atenção durante uma ação. Trabalhando em conjunto, esses sistemas permitem que as crianças sintam como seus corpos estão contidos, integrados e fisicamente separados dos outros, além de localizar seus corpos de forma adequada no espaço, em relação a outras pessoas ou objetos. Em outras palavras, com o aumento de sua consciência de equilíbrio e de onde seus corpos estão localizados no espaço, as crianças se compreendem melhor e são capazes de controlar melhor seus corpos. Quando soube disso, entendi que qualquer movimento que ativasse e desenvolvesse esses sistemas sensoriais seria útil para crianças que praticam a atenção plena, especialmente para aquelas que acham desconfortável sentar-se em silêncio por um longo período.

Muitas crianças acham difícil sentar e meditar. O desconforto físico e o extremo esforço necessários para que permaneçam serenas e calmas podem ser demais para elas. Quando tentam uma prática introspectiva formal pela primeira vez, balançar de um lado para o outro pode ser útil e até mesmo essencial. Eu adaptei o movimento do pêndulo para ajudar as crianças, usando como modelo a prática clássica da meditação andando, que eu chamo aqui de "Caminhada Lenta e Silenciosa".

CAMINHADA LENTA E SILENCIOSA

Existem três movimentos principais de Caminhada Lenta e Silenciosa: levantar o pé, movê-lo para frente e colocá-lo

---

21 Uma discussão mais precisa dos sistemas vestibulares e proprioceptivos pode ser encontrada em: Suzi Tortora, *The dancing dialogue: using the communicative power of movement with young children,* Baltimore, Brookes Publishing, 2006, p.114–5.

de volta para baixo. No início, esta é uma prática útil para restringir o foco da atividade, prestando atenção a apenas um aspecto da caminhada: ele poderia estar na pressão física nas solas dos pés quando se pisa no chão, por exemplo, ou em qualquer outro aspecto da pisada. O que importa é que sua consciência permaneça nas impressões sensoriais – o sentimento de elevar, movimentar e colocar no chão. Após algumas sessões deste exercício, os alunos poderão prestar atenção em dois aspectos da caminhada: o levantar *e* o descer dos pés, por exemplo, ou o movimento de avançar *e* colocar os pés no chão. Por fim, os alunos prestarão atenção aos três aspectos: elevar, movimentar e colocar no chão. Por favor, note que o objetivo da Caminhada Lenta e Silenciosa não é ficar absorvido na experiência sensorial, mas tornar-se consciente de como a sentimos e de quaisquer reações emocionais que surgem durante a sua prática.

Na medida em que prestam mais atenção especial à sua caminhada, alguns alunos tendem a desacelerar automaticamente, enquanto outros acham difícil abrandar o ritmo. Se isso acontecer, inverta a ordem do processo e incentive os alunos a primeiramente desacelerar de forma consciente. Caminhar lentamente pode ser frustrante e, como em todo treinamento com crianças, é importante adaptá-lo para que seus filhos sintam-se confortáveis e gostem da prática.

Eu ensino o Pêndulo de uma forma semelhante à que ensino a Caminhada Lenta e Silenciosa, substituindo os movimentos lado a lado pelos exercícios de caminhar. Ambas as práticas são exercícios de concentração, cujo objeto da atenção é a experiência sensorial. Como em todas as práticas desse tipo, quando as mentes se desviam, as crianças devem trazê-las de volta para o objeto da atenção.

PÊNDULO

O objetivo desta atividade é ajudar aqueles que acham difícil sentar-se em silêncio para meditar em grupo. Para tornar isso possível, ajudo as crianças a encontrar e estabelecer um balanço rítmico e repetitivo que considerem reconfortante. Movimentos com forma ou ritmo irregular tendem a não promover uma sensação de calma, centramento e concentração. Como o pêndulo deve ser calmante para ser eficaz – e o que é calmante para uma criança pode agitar ou frustrar a outra –, o ritmo e a duração do balanço de cada criança irá variar. Contanto que as crianças não encostem intencionalmente umas nas outras, não há ritmo certo ou errado para esse movimento oscilante.

Eu uso as instruções clássicas da Caminhada Lenta e Silenciosa como um ponto de referência para ensinar o Pêndulo. Assim como existem três movimentos principais (às vezes chamados de "ocorrências") durante a caminhada – elevar, movimentar e colocar no chão –, há três movimentos principais no Pêndulo: movimentar, mudar e encontrar o centro. Começando em uma posição centrada, seja sentado sobre uma almofada ou em pé, você primeiro movimenta (ou balança) para um lado, mantendo seu bumbum sobre a almofada. O movimento oscilante é similar ao movimento da Caminhada Lenta e Silenciosa. Quando chegar ao ponto em que não pode balançar mais sem levantar o bumbum, jogue seu peso de volta em direção ao centro. Deslocar seu peso é semelhante ao movimento de elevação na Caminhada Lenta e Silenciosa. Uma vez que você moveu seu peso, balance de volta para o centro. Quando chegar ao centro da almofada, faça uma pausa por um momento. Se sentir que está perfeitamente alinhado no centro da almofada, você encontrou o seu ponto central. Parar por um instante no centro é semelhante ao movimento de colocação na Caminhada Lenta e silenciosa. A instrução para o Pêndulo é algo como: balance, mude, balance, centro. Continue seu movimento para o lado oposto e em seguida volte para o centro: balance, se mova, centro, balance, se mova, centro.

No início, há uma pequena pausa a cada mudança, mas, gradualmente, como na Caminhada Lenta e Silenciosa, a prática torna-se mais fluida. À medida que os alunos familiarizam-se com as oito partes do exercício (balançar, mudar, balançar para o centro, centro, balançar, mudar, balançar para o centro, centro) e o movimento torna-se mais fluido, você pode incentivá-los a apenas passar pelo centro, balançando de um lado ao outro sem pausa. É útil usar um instrumento de cordas para acentuar cada mudança, dedilhando cada vez que você se move, parando cada vez que você se prepara para mudar. Em ambos, na Caminhada Lenta e Silenciosa e no Pêndulo, o movimento pode ser um pouco estranho no começo, quando ele é dividido em seções, mas ao longo do tempo torna-se mais fácil e o fluxo do movimento torna-se mais natural.

Ainda são necessárias pesquisas para determinar se o Pêndulo promove ou não o desenvolvimento dos sistemas sensoriais, mas falando em termos práticos, esse exercício torna possível que as crianças com dificuldades em permanecer quietas possam praticar a respiração atenta em uma posição sentada. É benéfico praticar em grupo, e o Pêndulo permite que crianças praticando tanto com objetivo autorregulatório quanto de desenvolvimento da atenção possam trabalhar juntas.

Vendo o sucesso do balanço do Pêndulo, Suzi Tortora desenvolveu outra atividade divertida para ajudar crianças a entenderem os limites do corpo e da postura mais profundamente. Aqui, com a ajuda de uma bolha imaginária. Veja como apresentei isso à classe.

BOLHAS NO ESPAÇO

As crianças marcam seu espaço desenhando um círculo imaginário no chão ao redor de seus corpos. Esse círculo é a divisa para uma "bolha" imaginária que não pode ser estourada sem permissão e que pode se expandir até ficar enorme – com espaço suficiente dentro dela para ter um número infinito de pessoas e possibilidades – ou se contrair até ficar muito, muito pequena. As crianças podem aumentar ou encolher a bolha o quanto quiserem. Se a sala estiver cheia, as bolhas serão pequenas. Se tiver espaço de sobra, a bolha poderá ser tão grande e larga quanto a imaginação da criança.

Sentados no chão com as pernas cruzadas, imaginem que suas bolhas são enormes e estiquem os braços para sentirem-nas. Agora recolham os braços na direção de seus corpos e imaginem que sua bolha fica menor. Note como sua bolha muda o tempo todo. Quando você está em um espaço amplo e aberto, sua bolha pode ficar enorme se você quiser que fique. Quando está em um espaço pequeno, como a sala de aula, sua bolha fica menor e muito perto de seu corpo. Grande ou pequena, sua bolha ainda está lá e ninguém, absolutamente ninguém, pode estourá-la se você não quiser que o façam.

Cada bolha é única, e os alunos podem imaginar que estão "decorando-as" com corações, estrelas, Legos, répteis, famílias, balas e basicamente tudo o que quiserem. Então eles se movem ao redor do círculo e "testam" as bolhas de cada um dos outros, fingindo que são jogados de lado ao bater nos limites invisíveis de outra pessoa. Depois, duas crianças "testam" as bolhas uma da outra em câmera lenta, trazendo as palmas de suas mãos o mais perto possível sem se tocarem, e, então, fazem o mesmo com os braços, pernas, quadris e ombros.

Exercitar as bolhas é uma maneira divertida e efetiva de promover consciência dos limites do corpo e desenvolver habilidades autorregulatórias. Elas também são uma introdução fantástica a um jogo que chamamos de Tic-Tac, que é uma versão do Pêndulo adaptada para crianças mais novas.

TIC-TAC

Neste exercício, as crianças sentam em uma almofada ou cadeira com os olhos fechados ou suavemente focados em um objeto, talvez uma pedra ou um tambor. Comece com um longo balanço de um lado para o outro para trazer consciência à sensação de seus corpos movendo-se no espaço. Começando em uma posição sentada na vertical, as crianças lentamente balançam seus corpos para a direita (mantendo seus quadris firmes na almofada) e então lentamente balançam de volta para a esquerda passando pelo centro. Com crianças mais novas, é uma boa ideia limitar o tempo em que balançam de um lado ao outro e regular o seu ritmo. Você pode definir um ritmo com a batida de um tambor, dedilhando um violão, saltério ou outro instrumento de cordas, ou orientando as crianças a balançar, ouvindo a frase "Tic-tac, como um relógio, até encontrarmos o nosso centro" – balançando para a direita ao som de "Tic" e para a esquerda ao som de "Tac", para a direita quando ouvir "como um relógio" e para a esquerda em "até encontrarmos o nosso", e retornando para os nossos centros de forma instintiva quando essa palavra for pronunciada.

Uso também o movimento para ajudar na transição de uma atividade para outra. Seguindo um jogo de atenção plena, peço às crianças para se levantarem em câmera lenta, prestando atenção em cada movimento. Incentivo-as a perceber como seus pesos se deslocam, como seus braços, pernas e cabeça se movem, e como seus corpos se sentem ao colocarem de lado seus pensamentos por um momento. Então sugiro que façam o mesmo exercício mas ao contrário – de estarem em pé até se sentarem – prestando bastante atenção à sensação do movimento em seus corpos e como essas sensações se deslocam, mudam e se transformam sozinhas em algo completamente diferente e inesperado. Quando praticamos dessa maneira, não fazemos nada de especial ou incomum com nossos corpos. Apenas pegamos uma carona com ele e notamos o que acontece naturalmente.

Seja se movendo, sentado ou deitado, praticar a atenção plena à respiração sozinho – ou junto com sua família – é um prazer e pode ser feito a qualquer hora do dia ou da noite. Não é necessário sentar em posição total de lótus, ainda que nos anúncios cheios de brilho de revistas, programas de TV e cinema pessoas lindas e em ótima forma sejam representados dessa maneira. Você e seus filhos podem muito bem meditar sentados em uma cadeira, almofada ou andando para frente e para atrás no corredor. Deixe-se inspirar pela imagem clássica da paisagem gloriosa do Tibete: *Corpo como uma montanha; respiração como o vento; mente como o céu.*

Atenção plena juntos:
descobrindo o lugar pacífico que já está dentro de você

Muitas das atividades de atenção plena que pratico com crianças são originadas de práticas clássicas de atenção plena à respiração para adultos. Contudo, meditações que não são focadas na atenção plena à respiração também podem ser adaptadas para crianças e adolescentes. Uma delas nos guia a nos abrirmos para a experiência do momento presente e descobrir o lugar pacífico que existe dentro de todos nós. Aqui está:

Sente-se confortavelmente em sua cadeira e posicione suas mãos nos joelhos; pés apoiados no chão, coluna reta, queixo encolhido e olhos suavemente para baixo ou fechados,
o que for mais confortável.
Brevemente, examine seu corpo com sua atenção e, se notar algum desconforto físico, ajuste sua postura para ficar mais confortável. Se você não consegue sentar verticalmente de maneira confortável, deite-se no chão de barriga para cima com os olhos fechados ou olhando suavemente para seu peito.
Uma vez que você se sinta o mais confortável possível, leve sua atenção ao movimento da respiração por todo o corpo e, por alguns momentos, acomode-se na sensação física de respirar.

Quando seu corpo estiver relaxado, leve sua atenção à sua mente.

Às vezes sentimos como se nossas mentes estivessem trancadas em nossos corpos, mas elas não estão – quando meditamos, elas podem ser tão abertas quanto o espaço. E, onde quer que procuremos por nossa mente – pernas, dedos, estômago, coração –, vamos encontrá-la, pois a natureza da mente está ao mesmo tempo em todos os lugares e em lugar nenhum.

Se você não se identifica com essa maneira de ver a mente, existem outras maneiras mais concretas para visualizá-la. Uma delas é vê-la como uma força da natureza, o céu, o oceano ou um rio. Imagine o céu em um entardecer de verão, bem antes do pôr do sol, em um dia em que não há nuvens. Quando você olha para a grande vastidão do céu acima, você vê o sol se pondo e uma vasta paleta de cores: rosas, laranjas, azuis, púrpuras. A mente em seu estado natural pode ser algo assim.

Quando olhamos para o alto e vemos o céu, sabemos que ele está lá e entendemos o que ele é. Mas não podemos tocá-lo. Nem podemos identificar um lugar único onde ele reside. Nem sempre podemos conceitualizar uma força da natureza, nem tampouco dividi-la em partes menores. Como Alan Watts escreveu em *Tao: The watercourse way*[22]: "Não há maneira de colocar um curso d'água em um balde ou o vento em uma sacola." Como os rios, o vento e o céu, a mente também é uma manifestação da natureza e não pode ser separada do todo. Ela não pode ser encontrada em um único lugar. Não está trancada em nossos corações ou em nossas cabeças. Não começa em um ponto e termina em outro. Aqui está um jeito de começar uma meditação usando esse imaginário:

> Vamos relaxar nossos corpos, nossas mentes e, sem grandes esforços ou expectativas, vamos deixar nossas mentes se acalmarem.

---

[22] Publicado no Brasil com o título *Tao: o curso do rio* pela Editora Pensamento.

Vamos permitir que estejam abertas, expansivas e ricas em cor, como o céu de verão ao pôr do sol, enquanto oferecemos aos nossos corpos e às nossas mentes uma oportunidade
para descansar em seu estado natural.

Consciência refinada: aprenda a prestar atenção

4.

Eu gostaria de ser inteligente.
Eu gostaria que minha família fosse legal.
Eu gostaria que minha mãe fosse feliz.
Eu gostaria que minha família fosse feliz.
Eu gostaria que minha família pudesse viajar.
Eu gostaria que minha família e eu fôssemos felizes.

Aluno da quinta série.

Na primeira vez que a Jessica veio ao meu escritório, ela se sentou sobre uma almofada em posição de lótus completo, as pernas cruzadas uma sobre a outra, como um *pretzel*. Seus olhos estavam fechados e as palmas das mãos voltadas para cima, polegares e dedos médios se tocando em uma posição clássica das mãos chamada "mudra". A postura de lótus completo e o mudra são, muitas vezes, vistos na TV e em revistas, mas pode ser difícil de fazer e distraem muitas crianças da atenção plena à respiração. Sentei no chão ao lado dela e sugeri que se concentrasse em sentir o movimento de sua respiração, esquecendo todo o resto. Senti que sua mente estava em algum outro lugar e perguntei: "Onde está a sua atenção? No que você está se concentrando *agora mesmo*?" Jessica pensou por um segundo e disse que estava pensando sobre como manter seu polegar e o dedo médio unidos. Ela estava prestando atenção à sua postura, o que não era melhor ou pior do que prestar atenção à respiração, pelo menos enquanto estivesse ciente disso. Então nós mudamos da marcha da atenção plena à da respiração para a meta-consciência, e demos início à nossa primeira lição sobre prestar atenção ao que nós percebemos e ao modo como fazemos isso.

Atenção: não é o que você pensa

Você se lembra de alguma vez em que se deu conta de algo antes de colocar o conceito em palavras? Talvez tenha sido quando percebeu que alguém estava se aproximando, mas ainda não tinha certeza de quem era, ou quando teve um lampejo de consciência pouco antes de verbalizar uma ideia. Crianças habitam esse espaço mental na maior parte do tempo. Há uma clareza notável nesses breves momentos de consciência não verbal e não reativa, bem como um sentido de fascinação, possibilidade e mistério que é difícil de colocar em palavras. Essas impressões mentais, chamadas de "atenção nua", são eticamente neutras[23] ou, usando o vocabulário da redução de estresse baseado na atenção plena, de Jon Kabat-Zinn, sem julgamento,[24] mas, mesmo assim, podem criar uma mudança positiva na perspectiva de uma criança. Com treinamento e prática, as pessoas podem aprender a aumentar essas breves e neutras impressões por mais tempo do que um momento fugaz, juntando esses momentos um a um e gradualmente desenvolvendo uma capacidade de sustentar períodos cada vez mais longos de consciência não reativa. Munidas com essa perspectiva, elas aprendem a relaxar e sentir o que está acontecendo, enquanto está acontecendo, sem reagir a isso. Essa perspectiva consciente é lúcida e curiosa, livre de noções preconcebidas, que muitas vezes determinam como as pessoas vivem.

Assim como nós temos que aprender a andar antes que possamos correr e a somar antes que possamos resolver problemas de álgebra, a capacidade de estar presente dessa forma evolui com o tempo e com a prática. Às vezes, habilidades de atenção estáveis e fortes vêm naturalmente – mas não sempre –, e habilidades de atenção subdesenvolvidas podem ser um enorme obstáculo à aprendizagem em escolas onde é necessário ter e manter um forte foco para ser bem-sucedido. Nesses ambientes altamente orientados para a realização de metas,

---

23 B. Alan Wallace & Bhikkhu Bodhi, *The nature of mindfulness and its role in buddhist meditation: a correspondence between B. Alan Wallace and the Venerable Bhikkhu Bodhi,* manuscrito não publicado, inverno de 2006, Santa Barbara Institute for Consciousness Studies, Santa Barbara (Califórnia).

24 Jon Kabat-Zinn, *Full catastrophe living: using the wisdom of your body and mind to face stress, pain, and Illness,* Nova York, Delta, 1991, p.33.

há pouco ou nenhum espaço para crianças cuja atenção precisa ser desenvolvida. O professor de atenção plena Gene Lushtak, que deu aulas comigo por um ano em Los Angeles, confessou em uma das primeiras conferências de atenção plena e educação: "Quando eu era criança, os adultos estavam sempre me dizendo para prestar atenção. Não importa o quanto eu tentasse, eu não entendia. Eu simplesmente não entendia, até que comecei a trabalhar com crianças e percebi que não os ensinamos como fazer isso! Não é de se admirar que eu tivesse tanta dificuldade durante minha própria infância."

Ensinar as crianças a prestarem atenção é importante, mas em primeiro lugar, vamos examinar a maior e muitas vezes esquecida pergunta: quando pedimos às crianças que "prestem atenção!", o que exatamente estamos pedindo que façam? Estamos pedindo para se concentrarem em uma coisa e excluirem todo o resto? Ou estamos pedindo que percebam várias coisas, talvez um pensamento, uma emoção e uma sensação física, tudo ao mesmo tempo? Ou será que o que realmente gostaríamos era que mudassem sua atenção para lá e para cá, entre uma coisa e outra? Em seu livro *Distracted* (*"Distraído"*; sem publicação no Brasil), Maggie Jackson escreve sobre o Dr. Leanne Tamm, professor assistente de psiquiatria no Southwestern Medical Center da Universidade do Texas, que explica que, ao contar às crianças sobre a atenção, "um dos elementos mais críticos é dar a elas uma linguagem comum para o que significa prestar atenção".[25] Para fazer isso, temos que ter uma melhor compreensão de que há diferentes tipos de atenção e diferentes formas de estar presente. Desta forma, estaremos preparados para ensiná-las o que fazer.

Vamos começar nossa discussão sobre atenção e como ela opera a partir da perspectiva de duas disciplinas altamente rigorosas e dedicadas ao estudo da mente: a prática contemplativa e o novo campo da neurociência.

---

[25] Maggie Jackson, *Distracted: the erosion of attention and the coming Dark Age*, Nova York, Prometheus Books, 2008, p.258.

No mundo da pesquisa sobre a atenção, o neurocientista Dr. Michael Posner é um *superstar*. Posner passou sua vida profissional estudando a atenção e, embora nem todos os cientistas concordem com seu conceito de como a atenção funciona,[26] ninguém pode negar sua influência na área ou o enorme impacto de seu trabalho para a evolução do tema. Em *Distracted*, Maggie Jackson escreve: "Ao nos dar a estrutura e as ferramentas para decodificar o enigma de atenção, Posner nos ofereceu os meios para entendermos e moldarmos a nós mesmos."[27] O que entendemos como "atenção" é, de acordo com a visão de Posner, um sistema complexo composto por três redes de atenção primária,[28] cada uma moldada pela experiência e fortalecida através do treino.[29] São elas: rede de alerta, responsável por alcançar e manter um estado mental de alerta, um sistema pronto para processar informações de forma eficiente; rede de orientação, que orienta a atenção de uma pessoa para eventos sensoriais; rede executiva, fundamental para a regulação das emoções e da cognição (pensamento). A rede executiva, às vezes chamada de "função executiva", permite que uma criança exerça um controle consciente sobre seu próprio comportamento e resolva um conflito.[30] Em um artigo de 2007 sobre os fundamentos teóricos da atenção plena e as evidências de seus efeitos positivos, os professores Kirk Warren Brown, Richard M. Ryan e J. David Creswell escreveram que pesquisas anteriores indicam que a atenção plena pode estar ligada a essas três redes de atenção primária.[31]

---

26 Amir Raz & Jason Buhle, *Typologies of attentional networks*, Nature, maio de 2006, p.367–79.

27 Jackson, *Distracted*, p.237–38.

28 Michael I. Posner & Mary Klevjord Rothbart, *Educating the human brain*, Nova York, American Psychological Association, 2006, p.59–61.

29 Michael I. Posner & Mary Klevjord Rothbart, *Educating the human brain*, Nova York, American Psychological Association, 2006, p.210.

30 Michael I. Posner & Mary Klevjord Rothbart, *Educating the human brain*, Nova York, American Psychological Association, 2006, p.210.

31 Kirk Warren Brown, Richard M. Ryan & J. David Creswell, "*Mindfulness:*

Notáveis avanços em tecnologias de neuroimagem tornaram possível que Posner desenvolvesse um grupo pioneiro de trabalho para estudar a atenção de fora para dentro, usando ressonância magnética funcional (FMRI) para fazer filmes do cérebro humano enquanto ele funciona. Enquanto isso, o Dr. Alan Wallace estava estudando a atenção de dentro para fora através de uma prática de meditação clássica conhecida como "shamatha". O objetivo de shamatha é desenvolver um elevado grau de equilíbrio e estabilidade da atenção através de um processo de formação de dez fases sequenciais. Em seu livro *A revolução da atenção*, Wallace escreve: "Os estágios começam com uma mente que não pode se concentrar por mais de alguns segundos, e culminam em um estado de estabilidade e vivacidade sublime que pode ser sustentado por horas."[32] Além da estabilidade da atenção, a atenção plena à respiração gera outros benefícios substanciais. No entanto, para experimentar tais benefícios, há um pré-requisito: o desenvolvimento de uma capacidade de atenção forte e estável. Wallace gosta de citar o filósofo americano e pioneiro da psicologia moderna, William James, que escreveu: "A capacidade de trazer voluntariamente a atenção que vagueia de volta, vez após vez, é a própria raiz do caráter do julgamento e da vontade."[33] O amor de Wallace pelo treinamento clássico da atenção fica evidente em cada conversa, quando ele caracteriza a atenção como algo doce, profundo, e como a própria essência do caráter e da personalidade.

---

theoretical foundations and evidence for Its salutary effects", Psychological Inquiry: An International Journal for the Advancement of Psychological Theory, v.18, n.4, 2007.

32 B. Alan Wallace, *The attention revolution: unlocking the power of the focused mind*, Boston, Wisdom Publications, 2006, p.6. Há edição brasileira para o título: B. Alan Wallace, *A revolução da atenção – revelando o poder da mente focada*, Petrópolis, Editora Vozes, 2008.

33 B. Alan Wallace, *The attention revolution: unlocking the power of the focused mind*, Boston, Wisdom Publications, 2006, p.3. Há edição brasileira para o título: B. Alan Wallace, *A revolução da atenção – revelando o poder da mente focada*, Editora Vozes, 2008.

Quando as crianças aprendem que seus cérebros mudam a cada vez que tentam prestar atenção, elas começam a fazer conexões entre esforço e resultado. Se elas jogam videogame o dia todo e ignoram as aulas de matemática, suas notas podem cair. Se elas são prestativas em casa ou na escola, seus amigos e familiares são mais propensos a responder de forma positiva. Ao fazer essas conexões, as crianças entendem melhor a importância de escolher cuidadosamente onde dedicam tempo e atenção. Vi mudanças significativas nas atitudes de crianças, especialmente adolescentes, uma vez que reconheceram que, ao escolher como prestar atenção e em que prestar atenção, elas exercitam e mudam seus cérebros de uma maneira específica. Como e onde as crianças escolhem direcionar sua atenção faz uma enorme diferença em quem elas são e em quem elas irão se tornar. Apreciar verdadeiramente esse fato básico da vida (enquanto criança ou adulto) não é uma conquista pequena e é crucial que seja transmitida às crianças. Acompanhei, fascinada, crianças perceberem seu próprio poder de moldar seus cérebros e destinos para melhor. Na próxima seção, compartilharei algumas maneiras de tornar a ciência da atenção compreensível para as crianças.

Atenção focada e direta

O primeiro tipo de atenção desenvolvido na prática clássica é a atenção não reativa dirigida a um objeto escolhido, conhecida como atenção focada e direta. Ao descrever a atenção focada para crianças, eu a comparo ao arco e flecha, um esporte em que o objetivo é acertar um ponto colocado no meio de um alvo. A seta representa a atenção e o ponto representa o objeto escolhido pelas crianças, talvez sua respiração, um livro ou um jogo. As crianças apontam sua atenção e dão seu melhor tiro. Assim como ao atirar em um alvo com um arco e flecha, às vezes elas vão errar completamente e às vezes acertarão na mosca.

A atenção focada está relacionada à função seletiva da atenção, uma vez que as crianças estreitam seu campo de consciência para um objetivo específico. Wallace descreve essa atenção como "simplesmente ser capaz de colocar sua mente no objeto de meditação escolhido por você, mesmo que por um segundo ou dois".[34] Como no esporte de arco e flecha, ao treinar a atenção, tanto acertar quanto errar o metafórico alvo são partes do processo de aprendizado. Não importa o quão ruim o tiro das crianças seja no começo – com tempo, prática e motivação, suas habilidades irão melhorar.

Depois que as crianças dirigem sua atenção para o objeto escolhido, o próximo obstáculo é manterem sua atenção nele por um período maior. Isso significa que devem desenvolver a capacidade de monitorar onde sua atenção está focada, isto é, detectar se estão distraídas. Quando estiverem distraídas, devem desvencilhar a atenção da fonte da distração a fim de redirecioná-la e trazê-la de volta ao objeto escolhido. Na atenção plena à respiração, focar é relativamente fácil, mas sustentar ou manter a atenção na respiração pode ser difícil. Sustentar e refinar a atenção em todo o circuito da respiração, da ponta do nariz, passando pelo corpo e de volta ao nariz outra vez, é um compromisso ambicioso, independentemente da idade. Porém, é particularmente ambicioso para crianças pequenas e completamente fora do alcance de algumas, a menos que você comece com meia respiração (inspirar ou expirar) em vez de uma respiração completa. A instrução básica vai direto ao ponto:

MIRAR E SUSTENTAR

Começando com uma inspiração, leve sua atenção para a sensação do movimento do ar enquanto inspira, e a mantenha por meia respiração até a pausa entre a inspiração e a expiração. Em seguida, reverta o processo, leve sua consciência para a sensação de movi-

---

34 B. Alan Wallace, *The attention revolution: unlocking the power of the focused mind*, p. 13. Há edição brasileira para o título: B. Alan Wallace, *A revolução da atenção – revelando o poder da mente focada*, Petrópolis, Editora Vozes, 2008.

mento do ar enquanto expira e a mantenha em toda sua expiração. Não se esqueça de deixar seu corpo relaxar e de observar a pausa entre a inalação e a exalação, e, depois, novamente, a pausa entre a expiração e a inspiração. Não se preocupe caso se distraia – você sempre pode começar tudo de novo.

Com crianças muito pequenas, eu pratico a atenção plena à respiração de forma lúdica, assoprando cata-ventos coloridos e observando eles girarem.

CATA-VENTOS

Existem diversas variações dessa atividade, cada uma destacando uma qualidade específica da respiração. Primeiro, respire fundo pelo nariz e sopre o cata-vento com a boca, convidando as crianças a prestarem atenção em como seus corpos se sentem ao fazerem respirações longas. Na segunda variação, as crianças fazem respirações curtas pelo nariz e sopram também de forma curta pela boca para girar o cata-vento novamente, prestando atenção em como seus corpos se sentem. É divertido para as crianças assistirem aos cata-ventos girando enquanto percebem o que as respirações longas e curtas provocam nelas.

Depois de praticar a atenção plena à respiração, seja soprando cata-ventos ou sentando calmamente para sentir o movimento de sua respiração, peço às crianças para descreverem o que acontece em suas mentes e corpos. Elas podem fazer isso com palavras e imagens, e ao longo dos anos as crianças têm desenhado imagens de tudo, desde anjos até nuvens e estrelas. Uma dessas crianças escreveu na parte inferior de seu desenho: "Você se sente como se estivesse com os anjos." Outra escreveu: "Eu estou fazendo um anjo de neve nas nuvens." Uma terceira escreveu: "Eu me senti como uma nuvem no céu."

Ao longo de um dia, as crianças praticam esse processo de focar e manter a atenção muitas vezes – quando leem um livro, ouvem música ou praticam um esporte, por exemplo. Na atenção plena, jogamos uma luz sobre esse processo natural, muitas vezes automático, a fim de usá-lo deliberadamente. Dada a vasta gama de incômodos, dores, visões, sons, gostos, cheiros e tudo mais que nossas mentes processam a cada momento, pode ser difícil para as crianças estreitarem seu foco e se concentrarem em uma coisa. É preciso uma quantidade significativa de disciplina mental para escolher sabiamente um objeto de concentração, ignorar estímulos sensoriais periféricos, focar a atenção no objeto, sustentá-la e refiná-la. Independentemente da idade, pode ser um desafio estabelecer atenção plena à respiração sem distração. Mas existem algumas técnicas bem estabelecidas que ajudam até mesmo as mentes mais distraídas a sossegarem. Uma delas é domar a mente pensante contando respirações. O pensamento raramente é um aliado na prática da meditação, mas contar respirações é uma exceção à regra. Alan Wallace compara isso a usar rodinhas quando aprendemos a andar de bicicleta.[35] Contar ocupa a mente pensante com uma atividade simples, estreitando o foco com pouco esforço mental. Existem várias maneiras diferentes de contar respirações atentamente. Aqui estão algumas para praticar em casa:

CONTAR RESPIRAÇÕES

• *Contando "um, um, um, um, um…"*. Quando você inspirar, deixe seu corpo relaxar. Quando você expirar, silenciosamente conte "um, um, um, um…", até que seus pulmões pareçam vazios. Relaxe novamente enquanto você inala e mais uma vez conte silenciosamente

---

[35] B. Alan Wallace, *The attention revolution: unlocking the power of the focused mind*, p.30–31. Há edição brasileira para o título: B. Alan Wallace, *A revolução da atenção – revelando o poder da mente focada*, Petrópolis, Editora Vozes, 2008.

"dois, dois, dois, dois, dois...", enquanto expira. Repita mais uma vez, relaxando enquanto inala novamente e contando silenciosamente "três, três, três, três..." para toda a expiração. Continue esse exercício em conjuntos de três respirações (contando "um" na primeira expiração, "dois" na segunda e "três" na terceira), até que sua mente se acalme e você possa repousar na sensação física da respiração, sem contar.

• *Mantendo um número em sua mente.* Outra maneira de contar respirações é pensar no número "um" e mantê-lo em sua mente enquanto você expira. Relaxe enquanto você inala e, enquanto exala, pense no número "um", mantendo-o em sua mente durante toda a expiração. Em outras palavras, silenciosamente estenda a palavra "um" a partir do início da respiração até o fim. No segundo fôlego, você relaxa mais uma vez enquanto inala e mantém o número "dois" em sua mente durante a exalação, até que seus pulmões pareçam vazios. Repita, relaxando novamente na inspiração e mantendo o número "três" em sua mente durante toda a expiração. Repita essa sequência de três respirações até que sua mente se acalme e você possa repousar na sensação física da respiração sem contar.

• *Contando de um a dez na expiração.* Para crianças mais velhas, adolescentes e adultos pode ser útil contar de um a dez na expiração (você vai ter que contar muito rapidamente). Novamente, relaxe enquanto inala e conte de um a dez enquanto exala. Repita até que sua mente aquiete e você possa repousar na sensação física da respiração, sem contar. Algumas pessoas acham que a contagem de um a dez gera mais pensamentos do que as outras ferramentas. Outros acham que é justamente o oposto. Essa é a razão pela qual é importante para cada criança experimentar diferentes ferramentas de contagem para ver quais delas (se houver alguma) podem ajudá-las.

As pessoas respondem a cada uma dessas ferramentas de maneiras diferentes em momentos diferentes, por isso eu incentivo todos a tentarem as três. Às vezes, contar até dez funcionará; outras vezes, repetir silenciosamente "um" será melhor. Esteja atento àquelas crianças que mantêm a respiração ou interferem em sua forma habitual de respirar enquanto contam respirações. Nessa prática, a rapidez com que as crianças contam não deve afetar o ritmo de sua respiração. A respiração dita o ritmo da contagem, e não o contrário. Além disso, certifique-se de que as crianças, determinadas a manter suas mentes focadas, não tensionem os músculos durante o exercício. Facilidade física e mental são importantes quando se pratica a atenção plena à respiração. Se as crianças estiverem tensas e rígidas, não adiantará muito estarem focadas. O objetivo é estar focado e relaxado no corpo e na mente.

Contar respirações é algo um pouco avançado para crianças muito jovens, mas, felizmente, existem maneiras simples de desenvolver a atenção plena à respiração que são adequadas para todas as idades, até mesmo para crianças em idade pré-escolar. Uma delas é um jogo que pode ser jogado com uma ou mais crianças, chamado "Som no Espaço". O objetivo é estabelecer-se na sensação de respiração antes de ouvir o timbre do sino. Quando o som para, as crianças levantam as mãos. Ao jogar esse jogo com crianças muito pequenas, primeiro eu faço uma demonstração golpeando e silenciando o sino, para que saibam como soa quando o som começa e quando ele para.

SOM NO ESPAÇO

Para começar o jogo, coloque uma pedra lisa do tamanho da palma da mão de uma criança em frente de cada pessoa do grupo. Eu chamo essas pedras de "pedras-foco" e convido as crianças a usarem marcadores para decorá-los com palavras que sejam significativas, como, por exemplo, "calma", "gentil", "feliz", "alegria", "foco", "paz", "segurança" e "saúde". Para as crianças que sabem ler, mas que ainda não escrevem de forma legível, escrevo as palavras nas pedras. Crianças de todas as idades também podem decorar suas pedras com fotos e adesivos. (As pedras-foco podem distrair e ser perigosas para crianças muito pequenas, por isso não devem ser usadas com elas.)

Em seguida, com as mãos na barriga a fim de sentir o movimento da respiração no corpo, conduza as crianças na seguinte sequência: "Respire com mãos na barriga, olhe para a sua pedra-foco e ouça o som do sino." Depois de bater o sino, lembre às crianças de ouvirem o som enquanto ele desaparece e de levantarem a mão quando ele parar. Repito essa atividade três vezes, ou até que as crianças comecem a ficar entediadas ou inquietas. Em uma única sessão, os pais costumam perceber que o interesse e a capacidade de ouvir aumenta a cada rodada do jogo. Para tornar esse jogo ainda mais interessante, pergunte às crianças para onde o som vai quando desaparece. Você vai ouvir algumas respostas reflexivas e criativas.

Molde seu cérebro

Saber um pouco sobre a forma como funciona o cérebro ajuda no ensino da prática da atenção plena para crianças. O cérebro é maleável como o plástico, e é moldado por experiências repetidas tanto interiores quanto exteriores, como ler, ouvir uma nova língua ou aprender uma nova habilidade motora. Quanto mais nos envolvemos em atividades específicas, mais as regiões cerebrais responsáveis por essas tarefas organizam-se e tornam-se funcionalmente "saudáveis". E, quanto mais jovens somos, mais rapidamente elas mudam. Esta é uma das razões pelas quais a experiência da primeira infância é importante para o desenvolvimento do cérebro, sendo crucial para as crianças que sejam expostas a experiências consistentes, previsíveis e enriquecedoras, para que desenvolvam capacidades neurobiológicas de saúde, felicidade, produtividade e criatividade.

Neuroplasticidade, ou mutabilidade da estrutura física e celular do cérebro, significa que nosso cérebro renova-se em resposta à experiência interior e exterior da vida. *Neuroplasticidade autodirigida*, um termo cunhado pelo Dr. Jeffrey Schwartz, pesquisador da Universidade da Califórnia em Los Angeles (UCLA) e psiquiatra clínico, é o processo pelo qual podemos deliberadamente causar essas adaptações cerebrais usando nossas mentes para mudar nossos cérebros. Cientista e médico, Schwartz também praticou atenção plena e estudou textos contemplativos clássicos por mais de trinta anos.

Schwartz foi um dos primeiros a aplicar a atenção plena em um contexto clínico, de uma maneira autêntica e coerente com a prática clássica. Ele fez uma tradução do treinamento original da mente realizado por monges, em sua forma todo-abrangente, para um exitoso tratamento para pessoas com transtorno obsessivo compulsivo (TOC), baseado em atenção plena. Seu trabalho é inovador e tem ajudado inúmeras pessoas que sofrem de TOC. O TOC é causado por um desequilíbrio bioquímico no cérebro que faz com que pensamentos dolorosos se introduzam incessantemente na mente dos que sofrem desse transtorno, levando-os a desenvolver comportamentos repetitivos e compulsivos a fim de evitar uma catástrofe imaginária. Muitas vezes, pessoas que sofrem de TOC engajam-se em comportamentos repetitivos, como lavar, limpar, contar ou verificar, a ponto de isso perturbar suas vidas.[36] Com o treinamento em consciência plena, os pacientes com TOC reconhecem que as mensagens intrusivas que inundam suas mentes podem ser falsas, e o tratamento baseado em atenção plena de Schwartz dá a eles ferramentas específicas para gerir melhor esses pensamentos intrusivos.

Em uma pesquisa no programa de Schwartz, imagens do cérebro confirmaram as melhorias relatadas pelos próprios pacientes. Além disso, Schwartz e seus colegas concluíram a partir das imagens do cérebro que não apenas o cérebro muda de acordo com as melhorias no funcionamento de seus pacientes, mas também que a atenção especial a alguma coisa, a qualquer coisa, cria um estado de atenção

---

[36] Jeffrey M. Schwartz, *Brain lock: free yourself from obsessive-compulsive behavior*, Nova York, Harper Perennial, 1997.

que desencadeia neuroplasticidade autodirigida – não apenas em pacientes com TOC, mas em qualquer adulto. Seu trabalho mostrou que um esforço voluntário, intangível, pode alterar o cérebro físico. O estudo de Schwartz foi o primeiro de um corpo agora crescente de pesquisas que conecta intencionalidade a alterações na função e na estrutura cerebral. Com foco no esforço deliberado, em vez do resultado, essa pesquisa poderia ter aplicações significativas para as crianças, especialmente aquelas com déficits de atenção. Tendo em mente a importância de introduzir a atenção plena para crianças de forma delicada, imagine-se ajudando uma criança a desenvolver uma capacidade estável e forte de atenção apenas incentivando-a, de uma forma divertida e lúdica, a tentar prestar atenção repetidamente.

Podemos pensar sobre o cérebro como se fosse um jogo tridimensional de ponto a ponto, no qual os pontos representam os neurônios (células cerebrais) e as linhas que ligam um ponto a outro representam as vias neurais. As linhas que conectam um neurônio a outro são produzidas e fortalecidas pela experiência de vida da pessoa. Para estender a analogia, pense nas vias neurais como músculos e na experiência de vida como o exercício físico. Assim como levantar pesos gera músculos mais fortes, exercitar vias neurais também as torna mais fortes. Veja como descrevo esse processo para as crianças:

> *Nossos cérebros estão mudando o tempo todo. Seu cérebro está mudando agora, enquanto você lê este parágrafo, e o meu muda enquanto escrevo isto. Quando vemos, ouvimos, tocamos, cheiramos algo, impulsos elétricos fluem de um neurônio (um tipo de célula do cérebro) para outro. Diferentes partes do cérebro se comunicam quando um neurônio dispara um impulso elétrico ao longo de um caminho, chamado de via neural, para outro neurônio. Cada neurônio tem uma média de 10 mil caminhos neurais que o ligam a outros neurônios. Os sinais enviados pelos neurônios criam as vias neurais no cérebro, e é assim que um cérebro muda ao longo do tempo. Quando um neurônio "acende", pode haver um impacto*

sobre milhares de outros neurônios localizados em diferentes partes do cérebro.

Imagine-se andando por uma trilha na grama. Quanto mais vezes você anda ao longo dessa trilha, mais plana e larga ela fica, e mais fácil fica andar por ali. Isso é o que acontece quando os neurônios disparam ao longo de um caminho muitas vezes. Da mesma forma, toda vez que você toca guitarra, por exemplo, os neurônios disparam ao longo de uma trilha em seu cérebro e, quanto mais você toca, maior a trilha fica. Conforme a via neural fica mais forte, assim também fica a sua capacidade de tocar guitarra, e é por isso que os acordes e as escalas ficam mais fáceis com a prática. É disso que se trata a neuroplasticidade autodirigida – usar sua mente para mudar seu cérebro.

Consciência aberta e receptiva

Foco é importante, mas há momentos em que você precisa manter a atenção aberta e receptiva, como quando está dirigindo um carro. O foco principal dos motoristas é a estrada, mas se prestarem atenção apenas ao que está na frente deles e ignorarem o espelho retrovisor, podem ter muitos problemas. Eles também precisam monitorar os pedestres na calçada, as latas de lixo ao longo da estrada e os carros na pista oposta. Os pais precisam ficar de olho nas crianças no banco de trás também. Os motoristas monitoram tudo à sua volta com a consciência aberta, mas mantêm sua atenção focada principalmente no que é mais importante no momento – e o que é mais importante muda a cada momento.

Ao praticar a atenção receptiva e aberta, as crianças adotam uma postura imparcial e receptiva enquanto monitoram o que entra e sai de seu amplo campo de consciência. Uma de minhas alunas aprendeu que precisava desenvolver sua capacidade de atenção aberta e receptiva da maneira mais difícil. Era uma aluna que só tirava notas ótimas, com habilidades extraordinárias de concentração, mas, ao fazer aulas de direção, descobriu que sua habilidade para repousar em um campo mais amplo de atenção presisava ser treinada. Ao dirigir, ela ficava tão focada em tudo o que olhava que poderia inadvertidamente conduzir o carro diretamente em direção a esse objeto. Sem perceber, poderia conduzir o carro em direção a uma caixa de correio, para o lado errado da rua e até mesmo de encontro a um pedestre – uma experiência de arrepiar os cabelos para todos os envolvidos. Esse é um problema comum conhecido como "alvo fixo", que, conforme o professor de meditação Trudy Goodman carinhosamente observa, ilustra o ensinamento clássico que diz "a mente se inclina àquilo que prestamos atenção". Minha aluna decidiu que era hora de tentar alguma prática de atenção plena.

CONSCIÊNCIA DE MOTORISTA

Em uma estante baixa em meu escritório, tenho várias cordas, cada uma com cinco bandeiras tibetanas coloridas quadradas de cerca de cinco centímetros. Eu arranjei as cordas com bandeiras, como uma tapeçaria *quilt*. Consigo-as todo feriado na minha instituição de caridade favorita e, ao longo dos anos, reuni muitas. Uso essas bandeiras como um ponto focal para ajudar crianças a ampliarem seu campo de atenção. Você pode usar qualquer objeto com um design padrão para este exercício: uma roupa xadrez, uma camisola padronizada, uma pintura. Pedi à minha aluna que está aprendendo a dirigir que sentasse a aproximadamente seis passos das bandeiras e se concentrasse na sensação da respiração que se move através de seu corpo, esquecendo todo o resto. Uma vez que sua atenção se estabilizou, o que aconteceu muito rapidamente porque suas habilidades de concentração são fortes, convidei-a a contemplar apenas uma das bandeiras no meio da tapeçaria e concentrar-se nela. Em seguida, pedi a ela que expandisse sua visão e incluísse mais uma ou duas bandeiras, e, em seguida, adicionasse um pouco mais, até que gradualmente todas as bandeiras estivessem em seu campo de visão, mesmo que seu foco principal permanecesse na bandeira original no meio. Então, pedi que incluísse tudo o que ela estava sentindo naquele momento: sons, cheiros e sensações físicas. Juntas, nós expandimos a atenção das bandeiras para tudo o que havia na sala e, em seguida, para as nossas sensações físicas, pensamentos e emoções. Permanecemos dessa maneira até que nos distraímos, e então começamos tudo de novo.

Outro jogo que constrói um campo mais abrangente de atenção é o "Passe a xícara", no qual as crianças passam uma xícara cheia de água entre duas ou mais pessoas.

PASSE A XÍCARA

Neste jogo, todos se sentam em círculo ou em frente ao outro, colocando entre si um copo ou xícara de plástico com cerca de dois terços de água. Alguém pega o copo e lentamente passa para a próxima pessoa, e assim todos continuam ao redor do círculo. O objetivo é prestar atenção a quaisquer sons ou sensações físicas que possam indicar a sua vez de receber o copo. Depois que a água é passada em torno de todo o círculo, o sentido é invertido e o copo circula lentamente na direção oposta.

Repete-se o jogo e agora os participantes devem manter os olhos fechados. Isso pode parecer difícil no começo, mas é possível e torna o jogo muito mais divertido. Para crianças mais velhas e adolescentes, você pode tornar este jogo mais desafiador, passando vários copos de água ao mesmo tempo, exigindo um nível maior de concentração e atenção de todos os participantes. Após a atividade, as crianças falam sobre as diferenças entre jogar com os olhos abertos e fechados, e quais pistas não visuais as ajudaram a saber onde o copo estava. O truque desse jogo é notar os sons na sala e de onde eles estão vindo enquanto a água é passada ao redor do círculo. Por exemplo, se você ouvir o barulho das roupas de alguém por perto, pode ter certeza de que receberá o copo em breve, ou, se a pessoa com a água estiver rindo do outro lado do círculo, é um indício de que você provavelmente não receberá em seguida. O truque para facilitadores é discretamente fazer sons ou comentários que irão sinalizar para os participantes a localização do copo.

A consciência aberta e receptiva é diferente da concentração focada, não apenas no que diz respeito ao tamanho do campo de atenção, mas também na sua abordagem sobre a distração. Ao praticar a atenção focada direta, qualquer coisa que venha à mente das crianças além do objeto de atenção é considerado uma distração, quer seja agradável (como suas mães dizendo que é hora de jantar) ou desagradável (como o sinal do fim da aula tocando mesmo que eles não tenham terminado a prova de matemática). Assim, quando as crianças reconhecem que estão distraídas, aceitam a distração, colocam-na de lado e retornam ao seu objeto de concentração. Diferentemente, com a consciência receptiva, as crianças não afastam sempre os eventos da mente e do corpo que poderiam ser uma distração – ao contrário, incluem-nos em seus campos de atenção.

Planejar, organizar e autorregular

A função executiva do cérebro é comparável ao papel que os maestros representam quando conduzem uma orquestra. O papel do maestro é coordenar e misturar muitas vozes únicas e diferentes instrumentos para criar uma peça musical, incentivando os músicos no momento apropriado, marcando o ritmo da música e determinando o tom da peça. Para executar bem esse trabalho, os maestros devem ter talento musical, mas também precisam de experiência de vida e de treinamento para antecipar quaisquer eventos inesperados, além das habilidades necessárias para responder a eles. Essas habilidades são intrínsecas à função executiva.

A função executiva requer a capacidade de aproveitar e organizar as habilidades de atenção, memória, inibição e autorregulação que o cérebro utiliza a qualquer momento para responder à situação imediatamente, bem como quaisquer emoções que sentimos em resposta. As competências executivas centrais incluem:

• Controle inibitório, que permite às crianças resistirem às tentações ou distrações

• Memória operacional, que permite às crianças lembrarem e usarem as informações

• Flexibilidade cognitiva, que permite às crianças mudarem sua atenção de um objeto para outro e verem a experiência da vida a partir de várias perspectivas.

Posner usa o jogo infantil "Simon diz" como um exemplo da função executiva em ação.[37] Quando o líder diz, «Simon diz: ponha a mão sobre sua cabeça", e coloca a mão sobre a cabeça, os jogadores seguem facilmente a instrução. E quando o líder diz, "Simon diz: pule em um pé só", todo mundo pula em um pé só. Mas, quando o líder não diz «Simon diz», você não deve fazer o que ele diz, mesmo que ele faça sozinho. Quando as crianças ouvem o líder dizer, "Coloque sua mão em seus dedos dos pés", e então o veem alcançar os dedos dos pés, há um conflito cognitivo entre aquilo que ouvem e aquilo que veem que precisam fazer. Posner explica que, quando as crianças são convidadas a executar instruções de uma fonte (*verbalmente*) enquanto inibem instruções de outra (*visualmente*), a rede de atenção executiva é acionada para classificar mensagens concorrentes.

Além de ser uma ótima maneira de praticar a atenção plena (neste caso, prestando atenção à experiência externa, isto é, a outras pessoas), "Simon diz" é uma ferramenta de gerenciamento de sala de aula acessível e divertida.

Um crescente corpo de pesquisa advindo do *Mindful Awareness*

---

[37] Michael I. Posner & Mary Klevjord Rothbart, *Educating the human brain*, Nova York, American Psychological Association, 2006, p.91.

Research Center ("Centro de Pesquisa da Consciência Plena"), do Instituto Semel da Universidade da Califórnia em Los Angeles (UCLA), sugere que a prática de atenção plena está associada ao desenvolvimento da rede executiva em adolescentes e crianças a partir dos quatro anos de idade. Participei de três estudos escolares controlados aleatórios, sob a direção geral da Dra. Sue Smalley, líder dos esforços de pesquisa em educação da instituição. A Dra. Lisa Flook, então estudante de pós-doutorado, liderou a equipe de pesquisadores. Durante um período de três anos, ensinamos 160 crianças de quatro a nove anos, em três escolas diferentes, e em nove salas de aula diferentes, na região metropolitana de Los Angeles.

O programa *Inner Kids* ("Criança Interior") foi aplicado nos três estudos. Ele explora a atenção plena à respiração clássica usando jogos e atividades que adaptei para crianças pequenas a partir de práticas originalmente destinadas a adultos. O primeiro estudo foi realizado durante o ano letivo de 2006-2007 e foi concebido como um estudo de viabilidade para crianças em idade pré jardim de infância. O segundo estudo, realizado durante o ano letivo de 2007-2008, foi aplicado nas classes de segundo e terceiro grau, e o terceiro estudo analisou novamente crianças em idade pré jardim de infância, durante o ano escolar de 2008-2009. Em cada estudo, eu dava aulas de consciência plena de meia hora cada, duas vezes por semana, durante oito semanas consecutivas.

O primeiro estudo de viabilidade da pré-escola, com 44 alunos, demonstrou que crianças a partir dos quatro anos podem participar com sucesso da meditação da atenção plena em um ambiente de grupo,[38] dissipando as crenças de que crianças em idade pré-escolar seriam incapazes de fazê-lo. Através de relatos de pais e professores, o segundo estudo, com alunos do segundo e terceiro anos, mostrou evolução significativa naqueles com déficits de função executiva. As

---

[38] Christine Alan Burke, "*Mindfulness based approaches with children and adolescents: a preliminary review of current research in an emergent field*", Journal of Child and Family Studies, 2009.

áreas que mostraram melhoras foram regulação comportamental, metacognição (pensar sobre o pensamento), função executiva em geral e os domínios específicos da função executiva. Professores e pais relataram melhora na capacidade das crianças para mudar, iniciar e monitorar sua atenção.[39] Isso faz sentido, uma vez que essas habilidades são a base das práticas de atenção plena à respiração, onde as crianças aprendem a focar sua atenção na sensação do movimento da respiração (iniciar), a perceber quando sua atenção se dispersou (monitorar) e, em seguida, a trazer a sua atenção de volta para a sensação do movimento da respiração (mudar).[40] Os Drs. Smalley e Flook concluíram que:

> *Esses resultados iniciais sugerem que a atenção plena introduzida em um ambiente de educação geral é particularmente benéfica para crianças com dificuldades nas funções executivas. As crianças que inicialmente apresentaram níveis mais baixos de função executiva, antes do treinamento em consciência plena, atingiram nível médio após o treinamento.*[41]

No terceiro estudo, com alunos do pré-fundamental, os relatórios dos professores mostraram mais uma vez um efeito claro, mas dessa vez para todos os alunos, não apenas para aqueles com a função executiva deficiente. As crianças que tiveram aulas de atenção plena mostraram aumento da função executiva, especi-

---

39 L. Flook, S. L. Smalley, M. J. Kitil, B. Galla, S. Kaiser Greenland, J. Locke, E. Ishijima & C. Kasari, "*Effects of mindful awareness practices on executive functions in elementary school children*", *Journal of Applied School Psychology* (a ser lançado).

40 L. Flook, S. L. Smalley, M. J. Kitil, B. Galla, S. Kaiser Greenland, J. Locke, E. Ishijima & C. Kasari, "*Effects of mindful awareness practices on executive functions in elementary school children*", *Journal of Applied School Psychology* (a ser lançado).

41 L. Flook, S. L. Smalley, M. J. Kitil, B. Galla, S. Kaiser Greenland, J. Locke, E. Ishijima & C. Kasari, "*Effects of mindful awareness practices on executive functions in elementary school children*", *Journal of Applied School Psychology* (a ser lançado).

ficamente na memória operacional, bem como no planejamento e habilidades organizacionais. Como esse foi um estudo de base escolar, os professores não podiam desconhecer os grupos (eles sabiam quem estava praticando a atenção plena e quem não estava), de modo que a possibilidade de ter havido influência do professor não pode ser descartada. No entanto, não houve nenhuma evidência de que isso tenha acontecido e, dado o seu papel na vida das crianças, os professores eram especialmente adequados para avaliar as habilidades de funcionamento executivo de seus alunos.

Os três estudos sustentam a introdução de práticas de consciência plena em um ambiente escolar, mostrando que podem ser agradáveis para as crianças e ter um impacto positivo em sua emergente meta-cognição (capacidade de pensar sobre o que eles estão pensando), na autorregulação e no controle executivo global em geral. As pesquisas sobre o efeito da consciência plena em crianças pequenas está apenas começando e é importante ser cauteloso ao relatar suas descobertas. Ainda assim, elas não deixam de ser intrigantes, e há motivos para acreditarmos que outros estudos centrados na prática da atenção plena com as crianças e suas famílias também mostrarão que a prática traz benefícios.

A Dra. Smalley é uma pesquisadora geneticista apaixonada por mudar a forma como pensamos sobre o Transtorno de Déficit de Atenção com Hiperatividade (TDAH), de uma "desordem médica" para uma característica humana que, enquanto coloca desafios para aqueles que o têm, também possui seus aspectos positivos.[42] Seu objetivo em estudar atenção plena na educação foi compreender melhor o papel dela no desenvolvimento da função executiva (um problema comum no TDAH), especialmente com foco em adolescentes e adultos com dificuldades de atenção. Smalley e sua colega, a psiquiatra Dra. Lidia Zylowska, desenvolveram um curso de atenção plena projetado para ser "amigo do TDAH" e avaliaram

---

42 Susan Smalley, "*Reframing ADHD in the genomic era*", *Psychiatric Times*, 2008, p.74–78.

a viabilidade de seu programa em um estudo piloto. A maioria dos participantes ficou no programa e o aprovou como útil (o que não é pouca coisa para adolescentes), ao mesmo tempo que relatou melhorias nos sintomas de TDAH e atenção, medida por exercícios feitos no computador. Sem um grupo de controle, as conclusões do estudo ficaram limitadas, mas os resultados são encorajadores no que diz respeito à forma como a prática da atenção plena pode apoiar os aspectos da atenção que estão comprometidos em pessoas com TDAH.[43]

Os avanços na neurociência, na genética e as aplicações seculares da meditação irão definir e refinar nossa compreensão sobre a atenção nos próximos anos. Uma discussão aprofundada sobre o papel da atenção no desenvolvimento infantil está além do escopo deste livro, mas, se me fosse solicitado identificar o aspecto que mais esclarece o meu trabalho, esse seria o papel do esforço suave e deliberado no refinamento da atenção. Como em tudo, algumas crianças têm uma predisposição natural para prestar atenção, enquanto outras não. Mas, independentemente do talento, o simples fato de tentar prestar atenção é tudo o que é preciso para iniciar o processo de refinamento. Focando com paciência e gentileza no esforço suave, em vez de no resultado, podemos iniciar as crianças em um caminho rumo à capacidade de atenção forte e estável.

Atenção plena juntos: utilize jogos, cantos, danças, criação e diversão como porta de entrada para experimentar a mente em seu estado natural

Pode ser difícil para adultos e crianças mudar das atividades frenéticas do dia a dia para uma postura mais favorável à meditação. Quando trabalho com crianças e adolescentes, cada período de meditação é antecedido por um jogo ou atividade projetado para afastar as crianças de uma análise do que está acontecendo e fazer

---

43 Flook et al., *Effect of mindful awareness* (a ser lançado).

com que tenham uma experiência menos conceitual. Cantar, dançar, soprar bolhas, percussão, brincar com balões, dançar canções populares infantis, fazer colagens e simplesmente se divertir são prelúdios fantásticos para a meditação. O filósofo e escritor Alan Watts era conhecido por dançar, cantar e até mesmo falar coisas incompreensíveis antes de se sentar para escrever e meditar. Dizem que, na noite anterior à sua morte, ele estava golpeando balões inflados ao redor da sala e gritou: "Ah, se eu pudesse descobrir como fazer isso sem usar o meu corpo."

Você pode tentar isso em casa com balões inflados ou bolas de praia, ou pode fazer bolhas de sabão junto com as crianças. Aumente o som (às vezes eu toco a música *"Tiny bubbles"*) e depois exploda silenciosamente as bolhas de sabão com varinhas – crianças e adultos juntos.

Conforme a música toca, fure suas próprias bolhas e as dos outros com suas varinhas. Quando a música acabar, incentive a todos que sentem onde quer que estejam para descansar por um minuto ou dois e sentir a sua experiência no momento presente. Para quem gosta da atenção plena à respiração, é um momento perfeito para a prática.

5.

Consciência afetiva: medite, fale, relacione-se e aja de forma atenta e compassiva

DESEJO VER UMA DAS MINHAS BABÁS NOVAMENTE.
DESEJO QUE MINHA FAMÍLIA POSSA SER BOA COMIGO.
DESEJO QUE AS PESSOAS NÃO ME PROVOQUEM OU SE DIVIRTAM ÀS MINHAS CUSTAS.
DESEJO PODER SER LIVRE PARA SEMPRE.

Aluno do segundo ano do ensino fundamental.

Em toda literatura, não há criatura com o coração maior do que George, o Curioso, personagem principal de uma série de livros de estórias escritas por Hans Augusto Rey. George, o Curioso, é um chimpanzé que foi levado de sua casa na África pelo Homem do Chapéu Amarelo para viver em uma cidade grande. O personagem que, apesar de testar regularmente os limites de seu dono, possui boas intenções, tem encantado crianças e pais por mais de sessenta anos, e é um bom modelo para ajudar os pequenos a entenderem o caminho aberto e curioso em que monitoramos a experiência de vida quando praticamos a atenção plena, bem como a importância de nem sempre reagirmos ao que observamos (pelo menos não imediatamente).

A curiosidade faz de George um eterno entusiasta, receptivo a qualquer experiência que chegue até ele. George não pensa muito sobre as coisas antes de explorá-las, não tem autocrítica nem julgamento, e cada experiência é nova para ele. George encara a vida pelo que ela é e trata a percepção dos fatos com a naturalidade com que eles se apresentam. Essa forma receptiva e lúdica de ver o mundo, não sobrecarregada por noções preconcebidas, é a maneira pela qual nós trazemos a consciência plena ao que está acontecendo em nossos mundos internos e externos. O pesquisador Dr. Scott Bishop, da Universidade de Toronto, e seus colegas descrevem essa perspectiva de maneira mais formal em um trabalho acadêmico que propõe uma definição operacional da atenção plena:

> *[Uma] orientação (para ter essa experiência) começa com o compromisso de manter uma atitude de curiosidade sobre onde a mente vagueia sempre que ela inevitavelmente se afasta da respiração, bem como a curiosidade sobre diferentes objetos dentro da experiência que se está tendo a qualquer momento... Isso envolve uma decisão consciente de abandonar convicções e opiniões para viver uma experiência diferente e um processo ativo de "permissão" do surgimento de pensamentos, sentimentos e sensações.[44]*

Quando se trabalha com crianças e famílias, comparo essa mentalidade ao ato de assistir a uma peça de teatro. Não importa o quanto você se envolva na trama, não importa o quanto você se importe com os personagens, você não sobe no palco para ajudá-los a sair de qualquer confusão em que possam estar: você fica em seu lugar e assiste. Isso é semelhante à forma como monitoramos as atividades em nossas mentes e corpos enquanto meditamos. Nós vivemos a experiência e somos tocados por ela da mesma maneira que experimentamos e somos tocados por uma peça de teatro, sem sermos enredados pela trama. Essa é uma distinção importante quando utilizamos a atenção plena para ajudar a lidar com emoções difíceis, e que irei expandir mais tarde neste livro, mas que está fora do alcance de muitas crianças. Os pré-adolescentes e adolescentes têm mais facilidade para entender essa diferenciação e usá-la em suas vidas.

O primeiro passo do método científico é a observação e, como bons cientistas, quando praticamos a consciência plena, começamos a notar a experiência da vida com uma mente aberta e curiosa. Uma atividade que ajuda crianças a desenvolverem essa habilidade é o "jogo do oi". Ele pode acontecer em uma sala de aula ou em torno da mesa de jantar. Veja como funciona.

---

[44] S. R. Bishop, M. Lau, S. Shapiro, L. Carlson, N. D. Anderson, J. F. Carmody et al., "*Mindfulness: a proposed operational definition*", Clinical Psychology: Science and Practice, v.11, 2004, p.230–41.

JOGO DO OI

Neste jogo simples, nos revezamos para dizer "oi" ao nosso vizinho e observar a cor dos seus olhos. Ouvi falar deste exercício pela primeira vez através do Dr. Bill Tekeshita, especialista em aprendizagem de Santa Mônica, Califórnia, que usava a técnica com crianças que tinham dificuldades em olhar nos olhos de outras pessoas. Experimentei e rapidamente vi como o jogo remove de forma brilhante a carga emocional e a inabilidade de fazer contato visual. Por exemplo, você pode fazer contato visual com sua filha e dizer: "Bom dia, seus olhos parecem ser azuis." Em resposta, ela dirá algo semelhante, como: "Oi, mamãe, seus olhos parecem ser castanhos." Quando há mais de duas pessoas, nos sentamos em círculo e revezamos a saudação em pares até que todos tenham tido sua vez.

Observe minhas palavras: "Seus olhos parecem ser azuis", em vez de "Seus olhos são azuis". Eu digo a saudação com a intenção de reforçar o objetivo de observar em vez de analisar. É comum que as pessoas discordem sobre a cor dos olhos e as crianças muitas vezes discordam sobre a cor dos meus olhos, porque ela parece depender do que estou vestindo: às vezes parecem azuis, outras parecem verdes. Ao dizer "Oi, Susan, seus olhos parecem ser verdes" em vez de "Oi, Susan, seus olhos são verdes", as crianças enfatizam o processo de observação em vez de enfatizar o objeto que está sendo observado. É um bom ponto, e também útil ao ensinar crianças sobre a diferença entre descrever o que veem e tirar uma conclusão.

Algumas crianças são tímidas e cobrem os olhos durante este jogo. Independentemente disso, incentivo a criança que está dizendo "oi" a descrever o que vê. Por exemplo: "Oi, parece que seus olhos estão cobertos." Em resposta, a criança com os olhos cobertos muitas vezes se sente menos ansiosa sobre seu desempenho, ri e descobre os olhos. As crianças também inventarão descrições fantásticas sobre os seus amigos, como dizer que os seus olhos castanhos parecem "azuis" ou "roxos" ou mesmo "de bolinhas", o que pode deixar a criança de olhos castanhos confusa e incerta sobre como responder. Esse é um bom momento para relembrar a todos que o objetivo do jogo é notar e dizer em voz alta de que cor os olhos da outra pessoa parecem para você, que pode ou não ser o que eles parecem para outra pessoa ou até mesmo para a pessoa cujos olhos você está descrevendo. Algumas respostas bobas são de se esperar, mas se as coisas começam a ficar fora de contexto, essa é também uma oportunidade para lembrar as crianças pequenas de que, mesmo que as respostas bobas sejam divertidas, esse não é o momento para elas e, então, incentivar as crianças a fazerem outra escolha.

O "jogo do oi" é um dos favoritos de Annaka Harris, que lecionou durante dois anos no programa *Inner Kids*, na Toluca Lake Elementary School, em Los Angeles. Em uma reunião, ao falar sobre a prática de atenção plena com as crianças, ela disse:

> *O "jogo do oi" ensina a consciência da experiência presente, enquanto incute confiança, respeito e um senso de trabalho em equipe. Esse exercício é interessante de ser praticado ao longo de um semestre. No início, quando fazemos o exercício pela primeira vez, os alunos ficam muito envergonhados. Há muitas risadas e alguns até mesmo falam sobre o sentimento de medo ao precisar fazer contato visual. Eles ficam tão distraídos por sua própria reação ao precisar fazer contato visual com o outro que mal conseguimos terminar o círculo nas primeiras vezes. Mas, ao final do semestre, estão se virando para o outro, se olhando, mantendo contato com os olhos – em sua maior parte – sem qualquer constrangimento e estão muito mais confiantes, realmente ouvindo um ao outro, bastante focados no momento presente.*

Existem várias adaptações do "jogo do oi" que desenvolvem a consciência dos nossos corpos, mentes, de outras pessoas e do planeta – algumas dessas variações serão descritas nos capítulos posteriores.

O próximo passo do método científico é usar todos os recursos disponíveis para ajudar a compreender melhor o que você vê. O mesmo acontece quando se pratica a atenção plena. Como no método científico, o primeiro passo é observar através da atenção franca e o segundo passo é entender a experiência. A compreensão meditativa chega quando as crianças contextualizam sua experiência no âmbito dos ensinamentos da atenção plena, que incluem impermanência, interligação, bondade e compaixão. Às vezes, esse entendimento é chamado de "compreensão clara". Em uma animada correspondência trocada entre dois estudiosos clássicos, o monge Bhikku Bodhi e Alan Wallace, Bodhi escreveu: "Apenas quando [a atenção franca e a compreensão clara] trabalham juntas a atenção plena correta [pode] satisfazer seu propósito desejado."[45]

Esse é um processo complexo que mesmo meditadores mais experientes podem achar desafiador, especialmente quando se trata de conteúdo emocional. Para fornecer um lugar seguro, em que crianças e adolescentes possam falar abertamente sobre sua experiência meditativa e como entendê-la no contexto de suas próprias vidas, dividi o processo em etapas claras e concretas, que eles entendem e podem prever.

- Brinque: primeiro, nós nos divertimos.
- Medite: Em seguida, praticamos a introspecção, muitas vezes a atenção plena na respiração, enquanto estamos sentados, em pé, caminhando ou deitados. Enquanto meditamos, observamos nossas mentes e corpos a partir da perspectiva do observador amigável, com uma mente curiosa, aberta, o mais livre de preconceitos possível. As canções, danças, jogos e outras atividades descritas no livro são exemplos do que fazemos durante os dois primeiros passos deste processo: brincar e meditar.

---

45 B. Alan Wallace & Bhikkhu Bodhi, *The nature of mindfulness and Its role in buddhist meditation: a correspondence between B. Alan Wallace and the Venerable Bhikkhu Bodhi,* manuscrito não publicado, inverno de 2006, Santa Barbara Institute for Consciousness Studies, Santa Barbara (Califórnia).

• Compartilhe: então conversamos sobre como é aprender a meditar e como podemos usar o que estamos aprendendo na vida real. Essa é uma oportunidade para incentivar as crianças a procurarem ajuda, caso algo que as preocupe venha à mente.

• Aplique: por fim, usamos em nossas vidas diárias o que aprendemos, tendo uma compreensão dos princípios da atenção plena – particularmente aqueles sobre a impermanência, a interdependência e o serviço comunitário.

A fim de ajudar crianças a desenvolverem a compreensão meditativa sobre a qual Bhikku Bodhi e Alan Wallace escreveram, converso com elas e elas conversam entre si sobre suas experiências, práticas estas integrantes do terceiro e do quarto passo do processo. Como adultos que escolhem praticar a consciência plena com crianças e adolescentes, ajudá-los a compreender sua experiência meditativa é nossa maior responsabilidade. Apoiamos as crianças a desenvolverem a compreensão meditativa ao calmamente fazer perguntas que as trazem de volta à sua própria experiência. Nós não fornecemos conselhos, não tiramos conclusões nem projetamos nossa experiência sobre as delas. Existem inúmeras oportunidades ao longo do dia para falar com seus próprios filhos, e funcionar como uma caixa de ressonância para suas impressões sobre o que está acontecendo em suas mentes, seus corpos e suas vidas. No carro, a caminho da escola, limpando a cozinha, lendo no sofá ou após terem meditado juntos: todas essas são oportunidades para conversar e nenhum momento é melhor do que o outro.

Se há mais do que dois de nós meditando juntos, quando acabamos, nos sentamos em um círculo e compartilhamos nossas histórias. Embora eu tenha agido com liberdade em relação a ele, o processo em grupo usado nas aulas da Inner Kids é vagamente inspirado em uma aula de aprendizagem socioemocional chamada de "Programa do Conselho", da qual meus filhos participaram na escola. Derivado de conselhos dos nativos americanos e outras tradições contemplativas, o Programa foi adaptado para uso em sala de aula por Jack Zimmerman, da Fundação Ojai, na Califórnia.[46] O formato é bastante adequado para a prática da consciência plena. Suas quatro intenções – falar com o coração, ouvir com o coração, ser breve em seu discurso e ser espontâneo – incentivam crianças a desenvolverem suas próprias vozes e a confiarem em si mesmas.

Dar-se espaço

Voltando para George, O Curioso, não importa o quanto ele tente se afastar de problemas, sua curiosidade invariavelmente o leva a algumas situações inoportunas. Ele dominou a capacidade de experimentar o que quer que esteja acontecendo com curiosidade e motivado por um bom coração, mas ainda não aprendeu a controlar suas respostas. Se George se "distanciasse" por um momento e se concedesse espaço para respirar o suficiente a fim de observar sua experiência lucidamente, ele seria capaz de discernir melhor a ação ou resposta mais adequada. Mas, claro, suas histórias seriam bem menos divertidas.

Dar-se espaço é uma atitude que foi explicada pelo erudito clássico Analayo em um livro que uniu os dados de sua tese de Ph.D., enquanto frequentava a Universidade do Sri Lanka, com sua experiência de meditação como monge. Ele escreveu:

> *A necessidade de diferenciar com clareza a primeira fase de observação e a segunda fase de ação é (...) uma característica essencial [desse] modo de ensinar. A simples razão para se tomar essa postura é que apenas o passo preliminar de avaliar uma situação com calma, sem reagir imediatamente, permite que a pessoa tome a ação apropriada.*[47]

---

[46] Para saber mais sobre o Conselho, ver: Jack M. Zimmerman, *The way of council*, Las Vegas, Bramble Books, 1996.

[47] Analayo, *Sattipatthana: the direct path to realization*, Minneapolis, Windhorse Publications, 2004, p.57.

Em outras palavras, conforme a visão de mundo da criança se torna mais consciente, ela se relaciona e responde aos outros de maneira menos reativa e mais perspicaz. Dito isso, há momentos em que é muito mais apropriado reagir do que adiar, como, por exemplo, ao rir de uma piada ou pegar uma bola que foi arremessada para fora do campo. Da mesma forma, se a mão de uma criança toca uma brasa, ela deve puxá-la de volta imediatamente antes de pensar sobre isso. Atrasar uma reação é um método de bom senso para lidar com situações mais complexas.

A fala consciente pode ser ensinada de uma maneira semelhante a aprender a responder em vez de reagir automaticamente. Quando sentados e conversando em um círculo, pedimos às crianças e adolescentes que estejam atentos ao que dizem. Além da importância de sermos claros quando pedimos às crianças para prestarem atenção, é igualmente importante que nosso sentido seja claro quando pedimos que elas falem de forma consciente. Um ensinamento sufi chamado "Os três portões" pode ser útil, especialmente quando se trabalha com crianças do ensino fundamental. Ele incentiva as crianças a se fazerem três perguntas antes de falar: É verdade? É necessário? É gentil? Cuidadosamente observar e avaliar a situação antes de agir ou falar é uma habilidade importante para a vida. Com treinamento e prática, a primeira parte – observação cuidadosa e avaliação – pode acontecer em um piscar de olhos.

É verdade? É necessário? É gentil?

Esperar antes de falar pode ser problemático se não for habilmente executado. Dou aula em um curso com Tom Nolan, reitor e diretor adjunto na escola Crossroads High School (Ensino médio), que combina o Programa do Conselho com o programa de conscientização da atenção plena da Inner Kids. Os Três Portões é um programa usado habilmente nesta escola de ensino fundamental e, em resposta a uma pergunta de um de nossos alunos adultos, Nolan alertou aos líderes do grupo que eles poderiam, sem querer, usar essas três questões para "limitar o que as crianças compartilham umas com as outras em primeiro lugar". Ele afirmou:

> *Às vezes é bom que as crianças digam o que está em suas mentes. No Conselho, eu preferiria que as pessoas falassem com o coração e, se uma sombra surgisse, então aí lidaríamos com ela. Crianças de todas as idades (e, claro, adultos) precisam de um lugar para dizer o que estão sentindo, sem vergonha ou julgamento. O Conselho fornece esse tipo de espaço, e faz parte do processo lidar com a sombra, desde que o facilitador seja corajoso e esteja disposto a avançar na direção dela.*

O comentário de Nolan levanta uma questão maior sobre a não reatividade: refletir sobre o que fazem e dizem de antemão nem sempre está dentro do que é melhor para as crianças. Fazê-lo em todas as situações seria roubar sua espontaneidade. Poucas pessoas agem de forma intencional o tempo todo e não conheço muitas que achem isso uma boa ideia. Se pararmos para refletir, quantos gostaríamos que nossa vida fosse um lago sereno em tempo integral? Será que a infância seria infância sem suas erupções periódicas de risos e lágrimas? É possível que crianças sejam exploradoras atentas e observadoras amigáveis sem deixar de lado sua espontaneidade natural. Como pais, é importante que sejamos exemplos de bom senso e, a menos que haja motivo para acreditar no contrário, tenhamos confiança de que nossos filhos têm essa qualidade ou que estão no processo de desenvolvê-la. Às vezes, é bom que as crianças se soltem em um momento espontâneo de aventura, e, ocasionalmente, cometerão erros. Esperamos que não seja algo sério, mas a tentativa e o erro fazem parte do crescimento. Pegando emprestado de Albert Einstein: "Qualquer pessoa que nunca tenha cometido um erro nunca tentou nada de novo." Conceder a si mesmo o devido tempo e espaço não tem a intenção de atrasar uma criança, mas se trata de um conjunto de habilidades úteis com o objetivo de expandir o universo das crianças oferecendo-lhes um jeito de navegar em situações complexas. Tal habilidade não se destina a contrair o universo infantil através da inibição da espontaneidade e da criatividade.

O provocador sobre seu ombro

Ao longo do ensino médio, minha filha tinha prática de remo depois da escola todos os dias na Marina del Rey, a cerca de 45 minutos de carro da nossa casa na hora do *rush*. Antes de ela tirar a carteira de motorista, muitas vezes eu ia para a praia ler enquanto esperava para levá-la para casa. Uma tarde, quatro garotas do ensino fundamental local sentaram perto de mim. Pareciam ricas e eram atraentes. Mesmo assim, sua conversa estava longe de ser bonita. Duas delas, a quem eu avaliei como as "populares" do grupo, juntaram-se, sem motivo aparente, contra uma terceira, que parecia ser mais tranquila e doce, e a quarta menina parecia alternar entre desligada e participante da conversa, mesmo não dizendo uma palavra. Eu me perguntei se ela iria reforçar seu status social se aliando às meninas populares, se tentaria resgatar a garota alvo dos ataques ou se não faria absolutamente nada.

Foi uma tortura ouvir as duas meninas zombarem da terceira. Quando eu estava prestes a intervir, a quarta menina pediu a elas que fossem embora. Como não o fizeram, ela sugeriu que a garota a acompanhasse em uma caminhada na praia, deixando as outras duas sozinhas, sem público e sem alvo. Fiquei impressionada com a postura destemida e compassiva da quarta garota.

A sós, as duas meninas viraram o feixe de hostilidade sobre si mesmas. Falavam sobre uma visita recente ao shopping para comprar biquínis e foi doloroso ouvir como odiavam seus narizes, suas coxas "gordas" e até mesmo o som de suas próprias vozes, enquanto exageravam e, em seguida, dissecavam cada falha que percebiam. Pensei em um romance que meu marido escreveu sobre um comediante que fazia piada dizendo que ele tinha um pequeno provocador sobre seu ombro lhe dizendo insultos. Com todos os seus pontos fortes, e elas tinham muitos, as meninas não tinham a capacidade de recuar, respirar profundamente e, com calma, verem a si mesmas como os outros as viam. Na época, temi que seria impossível para elas se sentirem melhor sobre si mesmas, a menos que pudessem silenciar os provocadores sobre seus ombros.

Os meninos têm pequenos provocadores internos também. Certa vez, um dedicado avô trouxe seu neto à escola para me ver. Os pais e professores do menino se perguntavam se ele tinha problemas de atenção, porque se contorcia em sua carteira e andava distraído pela escola. Era um garoto jovem, ativo e não me surpreendia que tivesse problemas para ficar parado. Há algumas gerações, as crianças passavam mais tempo ativas e ao ar livre. Não é nada surpreendente que as crianças de hoje tenham, às vezes, dificuldades com as sedentárias atividades escolares atuais. Quando perguntei ao menino sobre a escola, ele me disse que estava infeliz, não porque estava com dificuldades com as disciplinas escolares, mas por problemas sociais. Conversando com ele, percebi que havia tomado a responsabilidade para si e era vítima de sua própria provocação. O menino me contou que ficava acordado à noite pensando em tudo o que havia feito ou dito durante o dia. E, quando não estava paralisado por essa ansiedade, tendia a colocar para fora sua frustração com outros meninos da escola, frequentemente com empurrões.

Isso estava afetando suas amizades e seus trabalhos escolares. Forneci técnicas simples para lembrá-lo de parar e respirar quando sentisse que poderia perder a paciência, e ele as achou úteis. Técnicas semelhantes também o ajudaram a acalmar a mente e conseguir dormir na hora de ir para a cama. Porém, mais importante do que tudo isso, falei para ele sobre ser gentil consigo mesmo. Seu avô o descrevia como o garoto mais doce do mundo e fiquei impressionada com seu nível de empatia com os outros com quem teve desentendimentos na escola, os mesmos que o haviam intimidado anteriormente. Eu tinha esperança de que ele desenvolveria para si próprio o mesmo grau ou ainda um maior grau da compaixão e da compreensão que havia desenvolvido por outras pessoas.

Nossos provocadores internos são extremamente criativos quando se trata de fazer as crianças se sentirem mal sobre si mesmas. Uma das armadilhas mentais destrutivas que ouço se dá quando os provocadores interiores das crianças esperam a perfeição. Nunca conheci alguém que admitisse pensar que é possível ser perfeito, mas sei de muitos que agem dessa forma. Se as crianças são propensas a essa forma de pensar ou se seus pais também pensam assim, podem adotar uma abordagem rigorosa em relação aos ensinamentos de atenção plena e, impensadamente, enviarem a si mesmas a mensagem de que, se meditarem o suficiente, caso se tornem conscientes o suficiente, poderão se tornar perfeitos ou pelo menos algo muito perto disso. Essa abordagem visando uma meta é tudo o que é preciso para que as crianças se sintam péssimas sobre si mesmas, como se não estivessem à altura. Muitas crianças já se sentem assim e meditar pode se tornar uma atividade extra na qual elas esperam atingir a perfeição. Se seus filhos são confrontados por um provocador interior da atenção plena, lembre-os de que a atenção plena é um processo suave, não algo severo.

As meninas populares da praia, que pareciam desesperadas para parecer com as concorrentes do programa *Americas's Next Top Model,* detinham-se a um padrão físico de beleza altíssimo. Trabalhei com uma jovem que era igualmente dura consigo mesma, mas de uma maneira diferente. Ela era inteligente, bonita e talentosa, no entanto, apesar de estar apenas no ensino fundamental, cobrava-se por um nível acadêmico tão alto que a menor crítica a levava às lágrimas. Quando ela era criança, cada bloco de brinquedo deveria estar perfeitamente alinhado e cada adulto que ela conhecia tinha que ficar satisfeito. Qualquer indício de que algo estava menos do que perfeito validava seu sentimento de que ela era de alguma forma incompetente ou de que estava fazendo algo errado. Como resultado, muitas vezes ficava ansiosa e seus pais se perguntavam se havia algo, qualquer coisa, que poderiam fazer para ajudá-la.

A questão do perfeccionismo, particularmente com alunos do ensino médio, surge com frequência no meu trabalho e pode ser uma questão complicada de lidar. Em uma correspondência por e-mail, pedi ajuda para Jon Kabat-Zinn sobre esse problema, e ele gentilmente me ofereceu alguns conselhos inteligentes e práticos que vou passar para vocês:

> *Aqui, caminhe com muito cuidado. O que eu sinto é que é melhor não falar em "perfeito" ou em "perfeição", não importa o quanto esses termos figurem nos textos clássicos. Eu não sou um tradutor nesse sentido, não conhecendo Pali ou quaisquer outros idiomas textuais. Mas nós nunca trazemos o conceito de "perfeição" em* **MBSR (Mindfulness Based Stress Reduction)**, *exceto para dizer (como eu faço bastante) que você é "perfeito como você é, incluindo todas as suas imperfeições". Essa afirmação paradoxal deixa muito espaço para aceitar "verrugas e espinhas" e deficiências óbvias que nós (e as crianças) atribuímos a nós mesmos, mas, ainda assim, é capaz de nutrir o que há de mais profundo, melhor e mais legal (e belo) em nós mesmos, que também já está presente e por isso não é algo que precisamos atingir. É esse o caso, não importando o que você acha da sua aparência, não importando o quanto você pesa, não importando como você se sente sobre si mesmo, ou o que você tenha ou não tenha feito a qualquer momento. Sua natureza original já é sempre luminosa, bonita e completa, perfeita como é. Você não pode se dar conta disso em qualquer momento ou a todo momento, mas talvez possa praticar durante pelo menos uns breves momentos "como se" você já estivesse bem, completo, como se fosse seu verdadeiro eu. Nesse sentido, eu gostaria de dizer que "o mundo precisa de todas as suas flores" e o que cada um de nós precisa perceber (e tornar real) é a flor que somos. A prática da atenção plena nos permite tirar as lentes distorcidas habituais (incluindo – talvez especialmente – nossos pensamentos e emoções destrutivas e reativas) e ver "a realidade*

nua das coisas". Isso é o que "retomar os sentidos" significa, tanto literal quanto metaforicamente.

Nada dura para sempre

As práticas de consciência plena que contribuem para que as crianças compreendam melhor suas experiências de vida geram uma mudança de perspectiva que, muitas vezes, ajuda as crianças a silenciarem seus provocadores interiores. Por exemplo, é difícil apegar-se excessivamente às coisas que são, em última análise, sem importância quando você vê a vida a partir da perspectiva da impermanência. Quando tristes e frustradas, muitas crianças encontram conforto em saber que, não importando o que aconteça, seja bom, mal ou neutro, é improvável que as coisas continuem assim por muito tempo. Ao tomar a postura de um observador amigável, a criança irá, ao longo do tempo, começar a notar calmamente que tudo muda. Isso pode ser reconfortante, especialmente para aqueles que recentemente descobriram que a vida nem sempre é justa.

A vida pode não ser justa hoje, mas isso não significa que será o mesmo amanhã. Esperar pode ser difícil, mas a vida vai mudar. Apenas espere. E quando as crianças se questionam se há alguma lógica para toda essa mudança interminável, podem começar a notar conexões entre eventos que parecem distantes uns dos outros. Elas podem pensar sobre como um balão solto no céu poderia acabar machucando um golfinho no oceano, ou sobre como os soldados norte-americanos arriscam suas vidas no Oriente Médio para que possamos obter o petróleo produzido lá para encher nossos tanques de combustível. Mesmo em um planeta com 6 bilhões de pessoas, as crianças podem ver como tudo está conectado, embora essas ligações nem sempre sejam óbvias e, por vezes, necessitem de sutileza e nuance para serem percebidas.

Seu melhor amigo

Há momentos em que nossos provocadores internos nos atacam com informações privilegiadas que só eles poderiam ter (porque eles são realmente parte de nós), e não importando o quanto nós compreendemos os refluxos, fluxos e conexões da vida, o mundo não nos dá a sensação de ser um local seguro. Quando estamos com medo, tudo parece assustador, nem mesmo nossa própria mente se sente segura. Esse é o momento em que precisamos de um refúgio dentro de nós mesmos. Nessas horas, práticas de visualização podem ser confortantes e até mesmo transformadoras. Mas, quando praticadas com crianças e adolescentes, há questões importantes a serem consideradas.

Conheci crianças que estavam lidando com desafios em casa ou na escola além da minha própria imaginação, alguns dos quais eu sabia a respeito e outros que certamente não. Ao praticar com as crianças, preciso lembrar a mim mesma que eu não sei tudo sobre as vidas interiores e exteriores dos meus próprios filhos, muito menos dos filhos de outras pessoas. Por essa razão, evito certas visualizações clássicas, ainda que elas possam ser benéficas para adultos. Essas visualizações incluem:

• Uma afirmação ou insinuação de que uma criança ou um adolescente *deve* ter quaisquer sentimentos, positivos ou negativos, por outras pessoas.
• Uma afirmação ou insinuação de que uma criança *deve* sentir perdão, aceitação ou compaixão por alguém que a está prejudicando física ou emocionalmente.

Uma maneira de evitar esses campos minados é limitar visualizações de ternura, amor e compaixão apenas para as pessoas que as crianças escolherem ou para grandes grupos de pessoas, como seus amigos da escola ou do bairro, ou para todos e tudo que habita o planeta. Além disso, é importante assegurar às crianças de que elas estão em um lugar seguro, literal e figurativamente. Ao conduzir uma sessão de meditação, relembro as crianças de que manterei meus olhos abertos, então tudo bem elas fecharem os delas. E, mesmo com essas precauções, algumas crianças podem não se sentir seguras e eu nunca forço ninguém a participar. Incentivo as crianças que acham difícil deitar e meditar com outras pessoas a se sentarem, se isso for mais fácil para elas. Depois de fazer tudo o que está dentro da minha capacidade para garantir que as crianças estejam emocional e fisicamente confortáveis, convido-as a reservar um tempo para serem gentis consigo próprias. Essa é uma ideia radical para muitas pessoas. Aqui está como sugiro que as crianças e os adolescentes comecem:

UM ATO RADICAL DE BONDADE

Vamos deitar no chão e prestar atenção ao que está acontecendo em nosso corpo. Como é que as diferentes partes de seu corpo se sentem agora? Não vamos pensar sobre se há ou não algo em nossos corpos que gostaríamos de mudar. Em vez disso, vamos observar qual é a sensação de deitar no chão desta sala hoje. Nossa prioridade número um é cuidar bem de nós mesmos. Sinta sua cabeça no travesseiro, a curva do seu pescoço, seus ombros sobre o cobertor. Se os pensamentos vêm à mente conforme você faz uma varredura em seu corpo, tente não ser pego por eles. Em vez disso, volte a perceber qual a sensação dos seus braços repousando ao lado do seu corpo, suas costas apoiando-se contra o chão, a região lombar, seu bumbum, as pernas, calcanhares, pés. Tente não analisar nada agora. Apenas observe seu corpo e mente como se você fosse um espectador amigável e imparcial. Se você tem um agente provocador sobre seu ombro, isso é perfeitamente natural, apenas veja se você consegue ignorá-lo levando gentilmente sua atenção para longe de sua mente e de volta ao seu corpo. Você pode até sussurrar silenciosamente para si mesmo: "Agora não."

A maioria de nós é muito ocupado e é difícil encontrar tempo para repousar e olhar para dentro de nós mesmos. Muitas vezes, descanso e introspecção não parecem tão importantes quanto as outras coisas que fazemos. Mas são realmente importantes, mais importantes do que muitas pessoas pensam.

Lembre-se, não há nenhum lugar ao qual você precise ir agora. Não há nada que precise fazer. Não há ninguém que você precise agradar. Não há ninguém que você precise ser. Você não precisa de nada além do que tem aqui mesmo. Tudo o que estamos fazendo agora é repousar. Nada mais e nada menos.

Conforme você sente seu corpo contra o chão, preste atenção à sensação de que seu peso está se soltando ou se rendendo ao chão e à terra abaixo dele. Imagine que você pode ver a tensão em seu corpo e que sua tensão é como uma nuvem cinza de fumaça. E sinta essa fumaça deixando seu corpo, caindo no chão. Imagine-a afundando dentro da terra, abaixo do piso. Agora tente novamente.

Lembre-se, não há nenhum lugar ao qual você precise ir agora. Não há nada que precise fazer. Não há ninguém que você precise agradar. Não há ninguém que você precise ser. Você não precisa de nada além do que você tem aqui mesmo. Tudo o que estamos fazendo agora é repousar. Nada mais e nada menos.

Agora que toda a tensão em seu corpo foi solta abaixo da terra, imagine seu próprio lugar seguro. Seu lugar seguro pode ser um lugar em que você esteve, ao qual você não foi, mas que gostaria de visitar, ou um lugar imaginário de que você se recorda. Algumas crianças me dizem que seu lugar seguro é a sua cama; para outras, é o seu quintal ou a praia; para algumas, são as férias com seus pais. O lugar seguro é um local onde você está feliz, onde se sente amado, forte e relaxado e onde se diverte muito. Imagine a si mesmo divertindo-se e relaxando em seu lugar seguro.

Lembre-se, não há nenhum um lugar ao qual você precise ir agora. Não há nada que precise fazer. Não há ninguém que você precise agradar. Não há ninguém que você precise ser. Você não precisa de nada além do que você tem aqui mesmo. Tudo o que estamos fazendo agora é repousar. Nada mais e nada menos.

Vamos mover nossa atenção para o espaço profundo dentro do

nosso peito, onde nossos corações estão. Imagine aquele espaço brilhando com calor e sinta o calor lenta e progressivamente tornar-se mais doce, maior, mais amplo e aprofundado, até que ele se irradie para aquecer o seu tronco, pescoço, ombros, braços, mãos e dedos, seus quadris e as pernas até a sola dos seus pés e as pontas dos seus dedos. Até o topo da sua cabeça, sua frente, suas costas, seu meio, toda a volta, até que seu corpo esteja cheio de uma luz quentinha. O calor que vem de dentro é enorme e ilimitado. Vamos descansar nesse calor por um momento.

Lembre-se, não há nenhum lugar ao qual você precise ir agora. Não há nada que precise fazer. Não há ninguém que você precise agradar. Não há ninguém que você precise ser. Você não precisa de nada além do que você tem aqui mesmo. Tudo o que estamos fazendo agora é repousar. Nada mais e nada menos.

Muitos de nós gastam grande quantidade de tempo e de energia prestando atenção às outras pessoas. Imaginamos como se sentem, o que pensam, o que elas gostariam que nós fizéssemos e como gostariam que fôssemos. Tudo bem pensar sobre outras pessoas às vezes, mas nós não vamos pensar sobre outras pessoas agora. Neste momento, nós vamos dar um tempo a nós mesmos de toda a conversa interna sobre o que outras pessoas dizem, fazem, pensam e sentem. Vamos soltar quaisquer pensamentos que possuímos sobre outras pessoas agora e faremos algo bastante radical. Nós vamos cuidar bem de nós mesmos e repousar.

Ao conhecer vocês, vi o quanto se preocupam com seus amigos e o quanto apoiam uns aos outros. Eu fui inspirada por seu trabalho em equipe. Agora, nós seremos tão amáveis, cuidadosos e solidários com nós mesmos como somos com nossos amigos.

Descanse em seu lugar seguro sabendo que você é completo e inteiro do jeito que você é. Se não acredita, basta me acompanhar nessa jornada. Você não precisa fazer nada, não precisa mudar e não precisa ser outra pessoa. Você é completo e inteiro do jeito que é. Tanto faz se você está feliz ou triste hoje, se há mais coisas ruins do que boas em sua vida neste momento. A longo prazo, isso não importará tanto quanto parece importar agora. Momentos bons e ruins são parte da vida, e como a maré, eles vêm e vão. Uma coisa é certa: eles sempre irão mudar. Às vezes é difícil, mas segure firme.

Vamos encerrar enviando desejos carinhosos para nós mesmos. Imagine-se no seu lugar seguro, onde você está feliz e está se divertindo muito. Talvez você esteja cantando, dançando, talvez esteja lendo, talvez esteja descansando, talvez você esteja tocando violão. O que quer que goste de fazer, pode fazê-lo em seu lugar seguro. Que você seja saudável e forte. Que você possa estar com pessoas que ama e que te amam. Todas as pessoas no seu lugar seguro estão relaxadas e à vontade. Em seu lugar seguro, todos são pacíficos, livres e estão se divertindo.

As práticas de autocompaixão podem ser difíceis para crianças e adultos. Se você é uma das muitas pessoas que acham essa prática desafiadora, eu o encorajo a encontrar um professor de meditação bem treinado para ajudá-lo. As primeiras pesquisas têm associado autocompaixão com outras qualidades positivas, como sabedoria, iniciativa pessoal, curiosidade, felicidade e otimismo. Além do mais, mesmo que você não sinta muita compaixão por si mesmo agora, descobertas iniciais e milhares de anos de experiência sugerem que isso pode mudar se você praticar a consciência plena.[48]

Atenção plena juntos:
descobrindo a beleza que está sempre dentro de nós

Um ensinamento clássico importante é que é difícil ser feliz quando não reconhecemos a beleza da nossa verdadeira natureza. A imagem de uma joia requintada escondida sob quatro véus é uma bela maneira de ilustrar esse ensinamento.

---

[48] Shauna Shapiro & Linda Carlson, *The art and science of mindfulness: integrating mindfulness into psychology and the helping professions*, Washington, DC, APA Books, 2009, p.126.

Pegue um objeto bonito do seu armário ou caixinha de joias, coloque-o sobre uma mesa e cubra-o com alguns lenços. Mais tarde, você pode dizer a seus filhos sobre tempos em sua própria vida em que duvidou de sua verdadeira natureza. Peça a seus filhos para também pensarem em exemplos de suas vidas. Remova um lenço a cada história sobre uma experiência difícil que turvou sua visão sobre si mesmo. Por fim, quando tirar o lenço final, o belo objeto escondido será revelado, emblemático da beleza que se encontra dentro de todos nós.

Consciência sensorial: desperte para o mundo físico

Eu gostaria que minha vida pudesse ser incrível.
Eu gostaria que minha vida fosse feliz.
Eu gostaria de poder fazer minhas lições mais rapidamente.
Eu gostaria de não ir a lugares ruins.
Eu gostaria de ser amado e de ser gentil.

Aluno do terceiro ano do ensino fundamental

Comer é fácil. Às vezes é muito fácil, tão fácil que é uma das coisas mais automáticas que fazemos. De vez em quando, eu realmente saboreio uma trufa, o sabor picante de uma cebola doce Vidalia ou uma taça de vinho Tuscan Chianti. Mas, muitas vezes, eu como sem atenção alguma enquanto falo ou penso em outra coisa. Isso muda quando pratico atenção plena à alimentação com a minha família. Comer de maneira consciente é uma excelente maneira de prestar atenção ao que ouvimos, saboreamos, vemos, cheiramos e tocamos, tudo ao mesmo tempo, e podemos fazê-lo em todas as refeições do dia.

Veja a seguir o que se tornou a prática clássica da atenção plena à alimentação, que foi introduzida por Jack Kornfield, ficando conhecida graças a Jon Kabat-Zinn em seu programa de redução de estresse baseado na atenção plena. Com esse exercício de consciência, você e seus filhos podem compartilhar uma experiência transformadora simplesmente comendo uma uva-passa.

COMENDO UMA UVA-PASSA

Comece olhando para uma uva-passa, suas fendas acidentadas, forma irregular e rica cor marrom. Tente não analisar, basta olhar. Como é? Imagine a terra fértil da qual a videira irrompeu, os raios suaves do sol e a chuva que alimentaram a videira. Em seguida, o gomo que apareceu na videira e a uva que cresceu a partir do broto.

Imagine isso.

Imagine a colheita. Como foi? Quem colheu as uvas? O que elas estavam vestindo? (As pessoas, não as uvas!) As uvas foram colhidas à mão ou mecanicamente? Como é que as uvas se transformam em passas?

Imaginem toneladas e toneladas de uvas que amadurecem na videira serem, em seguida, colocadas para secar em papel marrom pesado que alguém cuidadosamente colocou no chão entre as videiras. A uva-passa na sua mão secou sob o sol quente do sul da Califórnia ou no forno de uma fábrica? Imagine as pessoas que colocaram o papel marrom no chão, que pegaram todas essas uvas das videiras e cuidadosamente as colocaram no chão. Como estava o tempo? Estava quente? Ensolarado? Choveu? E imagine as pessoas que monitoravam as uvas de vez em quando para verificar se estavam prontas. Eram as mesmas que juntaram as uvas quando se tornaram passas e as colocaram em caixas?

Alguma vez você olhou para sua comida assim? Você pensa de forma diferente sobre a uva-passa em sua mão agora? Você se *sente* diferente?

Agora é hora de comer. Olhe novamente para a uva-passa em sua frente. Pegue-a suavemente entre dois dedos. Sinta a rugosidade da superfície da uva-passa contra a sua pele. Passe a ponta do dedo indicador delicadamente contra sua superfície enrugada. Tente novamente com os olhos fechados. Você pode sentir individualmente os as reentrâncias? Os espaços entre as nervuras? Abra seus olhos e coloque a uva-passa na palma de uma mão, e em seguida cubra-a com a palma da outra mão. Agora, levante as mãos em concha junto ao seu ouvido. Sacuda as mãos gentilmente de modo que a uva-passa seja lançada para trás e para frente como um maracá. Se a sala estiver muito tranquila, você poderá ouvir o som quase imperceptível que a uva-passa faz quando salta em meio às suas mãos. Você alguma vez pensou que poderia ouvir uma uva-passa?

Tente segurar a uva-passa entre o polegar e o indicador e segure-a próxima do seu nariz. Vamos inspirar. Você gosta do cheiro?

É sutil, mas doce. A sensação física é agradável? Desagradável? Neutra? Você tem reações mentais à sensação física? Você quer comê-la? Não quer comê-la? Você se importa se irá comê-la ou não?

Há mais alguma coisa acontecendo enquanto você está inalando o cheiro dessa pequena passa? Tem alguma coisa acontecendo dentro da sua boca? Muitas pessoas começam a salivar muito antes de colocar uma uva-passa na boca. Você pode sentir ou ouvir seu estômago roncando? Existe alguma reação emocional mostrando essa experiência sensorial? Você gosta de passas? Não? Não se importa?

Agora é hora de colocar a uva-passa em sua boca e ver se você consegue continuar prestando atenção a todos os cinco sentidos enquanto ela está lá. Mas não a morda ainda! Abra a boca e coloque a uva-passa sobre sua língua. Permita que sua língua passeie sobre sua textura irregular. Agora, imagine em sua boca a pele escura e nodosa da passa sobre sua língua sensível. Você é capaz de começar a prová-la? A superfície de uma uva-passa é açucarada, uma doçura natural que vem da riqueza do solo, do sol e da desidratação que cria essa minúscula fruta, que parece um doce. Permita-se tempo para saborear o gosto doce, para sentir a pele intacta da uva-passa. Talvez você esteja salivando um pouco mais agora na expectativa do que vem a seguir. (Talvez esteja salivando apenas ao ler sobre isso. A mente é uma coisa poderosa.)

Por que você não chupa a uva-passa por um momento? Quando você está chupando, o que acontece com sua garganta?

Agora morda-a.

Você ouve alguma coisa? Você sente o esguicho do suco em sua bochecha? Permita que a umidade da sua boca se misture com o suco da uva-passa, criando uma explosão de doçura natural. Qual é a sensação? Gratificante? Agradável? Desagradável? Neutra? Saboreie o gosto que enche a sua boca e envia mensagens de conforto para o seu cérebro, avisando-o que você está comendo e que está tudo bem.

Confira seu corpo e mente mais uma vez. Foi divertido? Você gostaria de comer outra? Ou você está entediado e gostaria de fazer alguma outra coisa? Ou não se importa? Quais são essas três reações (exemplo: desejo, aversão, indiferença)? Você já se sentiu assim depois de outras atividades diárias?

Por fim, aproveite essa oportunidade para sentir gratidão. Contemple as conexões incríveis entre todas as pessoas, lugares e coisas que nos trouxeram essas passas que foram uvas anteriormente.

Tente isso algumas vezes. Você nunca mais comerá uma tigela de cereal com passas do mesmo jeito novamente.

Sabemos por estudos em adultos que comer de maneira consciente traz benefícios para a saúde.[49] No entanto, se esses benefícios se estendem para as crianças é ainda uma questão em aberto, porque ainda não foram realizadas investigações semelhantes em crianças. Mas já começaram a ser feitas. Estou envolvida em um estudo realizado pela Dra. Michele Mietus-Snyder, da University of California, em São Francisco, e pela Dra. Jean Kristeller, da Indiana State University, e seus colegas, buscando intervenções clínicas que atenuem o estresse psicossocial e a resistência à insulina que assola muitas crianças com excesso de peso no centro da cidade de São Francisco. O estudo de Mietus-Snyder e Kristeller tem como alvo crianças pré-adolescentes que são encaminhados para clínicas de gerenciamento de peso no centro da cidade.

Aqueles que estão interessados em um programa de aconselhamento sobre estilo de vida para redução de peso são matriculados de maneira aleatória em um dos dois programas intensivos com oito semanas de duração em grupos de cuidadores e crianças: exercícios supervisionados ou treinamento baseado na atenção plena. O estudo analisou quarenta crianças obesas e seus cuida-

---

[49] Shauna L. Shapiro & Linda E. Carlson, *The art and science of mindfulness: integrating mindfulness into psychology and the helping professions*, Washington, DC, American Psychological Association, 2009, p.53 e p.65.

dores. Vinte crianças e seus cuidadores fizeram aulas semanais com exercícios, e o restante das crianças e seus cuidadores tiveram aulas semanais baseada na atenção plena. Eles se encontraram uma vez por semana durante um período de oito semanas e cada aula durou duas horas e meia. Ambas as aulas de ginástica e de atenção plena incluíam informações educacionais sobre estilos de vida saudáveis e perda de peso. No final das oito semanas, ambos os grupos (exercícios e atenção plena) apresentaram melhora em relação à população geral de crianças em situação semelhante. Os participantes apresentaram evolução na perda de peso e relataram melhora no humor e autoconceito. Surpreendentemente, esses benefícios se mantiveram quando as crianças foram reavaliadas dois meses após a conclusão do programa e novamente quando foram reavaliados doze meses mais tarde. Ambos os grupos – aqueles que tiveram uma aula de ginástica e os que participaram da aula de atenção plena – mostraram avanço significativo.[50] Esses resultados não devem ser surpreendentes, dado que, em uma população adulta semelhante, os benefícios de se comer de maneira consciente já foram comprovados.

As portas dos seus sentidos

Depois que as crianças aprendem a prestar atenção de forma apurada e amigável, elas estão prontas para usar essas novas habilidades para ajudar a compreender melhor seus mundos interiores e exteriores. Ao utilizar a atenção plena à respiração para acalmar seus corpos e concentrar suas mentes, elas se tornam capazes de colocar um holofote sobre a informação vinda do mundo exterior através de seus sistemas sensoriais: os cinco sentidos conhecidos do paladar, olfato, tato, visão e audição, bem como os sistemas vestibular e proprioceptivo discutidos no capítulo 3. Esses sistemas sensoriais são às vezes chamados de portas dos nossos sentidos.

---

50 Correspondência pessoal, Michele MietusSnyder.

Perceber o que entra pelas portas dos sentidos é o primeiro passo para o desenvolvimento da consciência sensorial. O próximo passo é ver como o corpo e a mente respondem. Talvez existam formas automáticas aparentemente inofensivas de se responder a eventos sensoriais que você não tenha notado antes. Você irá descobri-las ao ver sua experiência sensorial a partir da perspectiva de um observador amigável. Esse pode ser um ponto de vista confuso para pais e crianças se eles confundirem o ato de observar uma experiência com desapegar-se desta. Mas não é assim que funciona e nem é assim que essa prática deve ser percebida. Você se lembra da comparação entre o observador amigável e o membro da audiência no capítulo 4, sobre atenção amigável? Aqui está algo parecido que eu uso quando falo com pais cujos filhos são músicos: quando medito e observo minha experiência sensorial, percebo que a sensação é muito parecida com a maneira como me sinto quando assisto a meus filhos tocarem em um concerto ou recital.

Allegra e Gabe sempre tiveram interesse por música e, como resultado, fui a inúmeros concertos e recitais de que eles participaram. Não é incomum eu me sentir nervosa por eles quando assisto às suas performances, mesmo que eu não esteja no palco. Sei que outros pais também se sentem assim. Ao longo das últimas duas décadas, vi meus filhos, meus sobrinhos e seus amigos tocarem muitas vezes, mas em nenhuma delas eu me senti uma observadora externa. Ao ouvir meus filhos tocarem, às vezes sinto uma imensa alegria e outras vezes nem tanto, por já ter ouvido a música diversas antes. Aqui está a parte que me ajuda a entender a prática da consciência sensorial: sempre estive completamente conectada à experiência e sempre senti alguma coisa, porém nunca perdi a perspectiva de um observador amigável. Eu sabia que eles eram os artistas e eu era a plateia, então não importava o que eu estava sentindo nem o quão bela era a música: nunca realizei a performance junto com eles. Participei de seus recitais apreciando suas performances, e não estando no palco. Isso é semelhante à forma como percebo e experimento as sensações físicas durante a prática da consciência plena.

Pode ser que eu tenha reações emocionais ao que sinto, mas tento não me prender às sensações físicas e mentais e me identificar com elas a ponto de perder minha própria perspectiva. Não é incomum que as pessoas confundam essa prática com a postura do observador amigável e achem que seja necessário se desprender da experiência da vida a fim de vê-la claramente. Não é esse o caso.

O que você ouve

Minha mãe tinha a audição de um morcego. Quando criança, eu achava que ela tinha superpoderes. De sua cama, ela podia ouvir a girada da maçaneta quando eu furtivamente chegava em casa tarde da noite. Ela conseguia ouvir a porta do congelador abrir na cozinha enquanto eu pegava um pouco de sorvete, mesmo com o barulho da TV na sala ao lado. Quando minhas amigas me visitavam, ela podia ouvir e decodificar nossos sussurros no quarto enquanto conversava com minha tia Mary no quintal. Minha mãe teria sido uma espiã sensacional.

Muitas mães têm esses superpoderes, pois pais e mães aumentam a sintonia com o som por necessidade. Eles sintonizam-se não apenas com o som (exemplo: vozes), mas também com a origem (vinda do quarto), mais o tom e a sensação ("em breve haverá algum choro"). Nós podemos aprender muito com a sensação e o tom de um som. Vamos considerar três tipos de sons de água: a água batendo contra as rochas cobertas de musgo ao lado de uma lagoa; ondas batendo contra falésias da costa do Maine; as gotas contínuas da água de uma torneira. Cada tipo de som de água evoca sensações completamente diferentes. Frequentemente, acho o som da água batendo em uma lagoa reconfortante, mas nem sempre. O rugido do oceano é um dos meus sons favoritos, mas às vezes me assusta. O som de uma torneira pingando me irrita, mas não incomoda meus filhos. Ao pensar sobre o que sons como esses provocam em seu corpo e mente, você pode construir a consciência das conexões entre as experiências, sua reação a elas e como essas reações se manifestam.

Veja a seguir uma planilha que ajuda as crianças a fazerem essas conexões.

Som da água	Categoria de sensações Agradável, Desagradável, Neutro	Categoria reativa Desejo, Aversão, Indiferença	Onde e como se manifesta no corpo e na mente
Água nas rochas	Agradável	Desejo	Corpo relaxa; respiração aprofunda-se; mente aquieta-se; contente.
Ondas no oceano	Agradável	Desejo	Mente alerta; corpo neutro; feliz; empolgado.
Torneira pingando	Desagradável	Aversão	Mente entediada; cansado; dores de cabeça; tensão.

Agora vamos brincar com alguns jogos que irão ajudar as crianças a ficarem em sintonia com seus sentidos a partir da postura de um espectador amigável e imparcial.

SOM NO JOGO DO ESPAÇO

Aqui está uma variação da prática da atenção plena ao som que descrevi anteriormente no capítulo 4, em que as crianças ouvem um som que desaparece com a distância. Quando as crianças deixam de ouvir o som, elas levantam as mãos. Nesta variação, dou uma caneta/lápis e uma planilha para cada criança. Uso três planilhas e três instrumentos musicais diferentes neste jogo. O número de instrumentos que uso depende das idades das crianças e a planilha reflete o número de instrumentos. Existem diversas variações nesta prática. Com crianças muito pequenas, uso apenas um instrumento, talvez um diapasão. Toco várias vezes e peço-lhes para contar o número de vezes que ouviram o som. Se as crianças são mais velhas, adiciono mais instrumentos, como tambor e sinos. Você pode usar qualquer instrumento que tenha à mão.

Enquanto elas estão com suas mãos na barriga para sentir o movimento da respiração no corpo, conduzo-as com a seguinte sequência: "Respire com as mãos na barriga, foque na sua pedra-foco e ouça os sons." Peço que as crianças que participam do jogo prestem atenção à quantidade de vezes que ouvem cada som. Após cada rodada, as crianças marcam em suas planilhas quantas vezes ouviram cada som.

Este jogo pode durar um bom tempo. Lembre-se de que não existem respostas certas ou erradas nele – a questão é simplesmente quantas vezes as crianças ouviram o sino, não quantas vezes ele foi realmente tocado. As respostas nem sempre são as mesmas e podem oferecer uma oportunidade de falar com seus filhos sobre o motivo deles não terem ouvido o sino todas as vezes. Será que suas mentes se dispersaram? Onde estava sua atenção? Onde está sua atenção agora?

Planilha para sala de aula
(Versão 1)

Quantas vezes você ouviu o diapasão?

#	Diapasão
1	
2	
3	
4	
5	

Planilha para a classe
(Versão 2)

QUANTAS VEZES VOCÊ OUVIU O DIAPASÃO?
QUANTAS VEZES VOCÊ OUVIU O TAMBOR?

Número	Diapasão	Tambor
1		
2		
3		
4		
5		

Planilha para a classe
(versão 3)

QUANTAS VEZES VOCÊ OUVIU O DIAPASÃO?
QUANTAS VEZES VOCÊ OUVIU O TAMBOR?
QUANTAS VEZES VOCÊ OUVIU O SINO?

Número	Diapasão	Tambor	Sino
1			
2			
3			
4			
5			

Nós também fazemos outros jogos para promover a atenção plena ao som. Um dos meus favoritos é ouvir o que ocorre naturalmente no ambiente no momento do jogo, onde e o que quer que seja. Se você está em uma lanchonete barulhenta, em seu quintal ou em um café, você pode prestar atenção aos sons à sua volta como se estivesse ouvindo uma música. Selecione os sons que ouve e escolha aquele que mais lhe envolve. Em vez de pensar sobre o que está ouvindo, observe os sentimentos que ele evoca em sua mente e em seu corpo, relaxe e repouse neles até que o som desapareça ou até que outro som torne-se mais predominante. Se outro som chama mais a sua atenção do que o primeiro, tudo bem, apenas observe o que acontece em sua mente e corpo sem ser arrastado por ele, sem analisar. Basta relaxar e repousar na experiência.

Recentemente, fiz uma variação desse jogo, na praia, com minha pequena amiga Jenifer, que irá para o jardim de infância neste ano. Jenifer tocou o diapasão e ouviu, mas, em vez de pedir que ela levantasse a mão quando o som desaparecesse, pedi que levantasse a mão quando o som das ondas do mar se tornasse mais alto do que o som do tom. Sentei-me na praia com sua mãe, Stella, e alguns dos nossos amigos, enquanto sentíamos nossa respiração e escutávamos Jenifer tocar o diapasão. Em seguida, esperamos o som do instrumento desaparecer e o som das ondas crescer. Sorrindo, Jenifer pediu para brincar de novo, e nós concordamos. Porém, dessa vez, ao final da rodada, quando o som do instrumento tinha desaparecido, nós nos sentamos por mais algum tempo ouvindo o som das ondas quebrando contra a praia e sentindo a brisa salgada contra nossos rostos.

Jenifer é pequena demais para preencher uma planilha depois do jogo, mas quando o jogo acontece com crianças mais velhas, peço-lhes para fazer listas do que ouviram. Se estão jogando com os amigos, eles comparam o que escreveram depois e enfatizo que ninguém está fazendo uma pontuação. Não é uma corrida para ouvir mais sons. Se algum dos sons desencadeia uma reação emocional, às vezes eu uso planilhas para ajudar as crianças a conectarem o que ouviram com os sentimentos acionados e sua reação a esses. Peço também às crianças que me digam onde e como a reação apresentou-se em suas mentes e corpos. Esta é a planilha de um adolescente que prestou atenção aos sons da lanchonete da escola:

Som	Categoria de Sensação Agradável, Desagradável, Neutro	Categoria Reativa Desejo, Aversão, Indiferença	Onde e como aparece no corpo e na mente
Conversas	Neutro	Indiferença	Não notou nada na mente nem no corpo
Sirene	Desagradável	Aversão	Alerta, se sentiu agitado, nervoso, queria que parasse
Barulho do parquinho	Agradável	Atração	Alerta, se sentiu um pouco ansioso, queria sair e brincar também, se sentiu irritado por não poder sair para brincar

O que você toca

Você já visitou uma casa assombrada que tinha uma caixa preta com um furo na parte de cima grande o suficiente para colocar sua mão, mas pequena o suficiente para obscurecer o que tinha dentro? Normalmente, essas caixas possuem macarrão oleoso e escorregadio, uvas descascadas, cotonetes macios e outros objetos sensoriais, ótimos para a construção da consciência do toque e da nossa reação à sensação que algo nos proporciona. Faça essa experiência com as crianças utilizando uma das planilhas e veja o que acontece quando eles tocarem algo gosmento. Por exemplo: A sensação é agradável, desagradável ou neutra? O que suas mentes querem que você faça quando o toque acontece? Se estão tocando algo gosmento, querem se afastar ou mexer no objeto? E se eles tocam algo que é gelado, oval e macio, mais ou menos do tamanho de sua palma: a sensação é agradável, desagradável ou neutra? Eles seguram com as mãos? Ou rapidamente soltam? Será que o objeto traz lembranças? Aqui está uma planilha caso você queira tentar esse jogo:

Descrição da sensação causada pelo objeto	Você se sentiu... Bem? Não tão bem? Nenhuma das opções?	O que você quis fazer? Continuar a tocar? Parar de tocar?	Veja se consegue adivinhar o que era

Há outro jogo de atenção plena à sensação que é uma maneira excelente e divertida de ajudar as crianças a aumentar sua consciência das sensações físicas e mentais, suas reações a elas e o que acontece se eles não reagem, mesmo que tenham o impulso de reagir. Aprendi isso na minha primeira aula de parto.

JOGO DO DEGELO

Todas as crianças têm um copo com um cubo de gelo e um guardanapo. Elas seguram o cubo na palma da mão o maior tempo possível, mesmo que queime um pouco. Se segurar o cubo de gelo tornar-se muito desconfortável, elas podem colocá-lo de volta no copo e pegá-lo novamente quando estiverem prontas. Enquanto seguram o gelo, as crianças falam das sensações que estão experimentando – queimação, frio, ardência – e, mentalmente, localizam essas sensações em uma das três categorias: agradável, desagradável ou neutra. No início, a categoria é quase sempre desagradável, mas não muito difícil de lidar. Logo, porém, a maioria das crianças sentem "queimar de frio" e a ardência se torna cada vez mais difícil de tolerar. Em seguida, a sensação tende a mudar. Pode ser difícil, mas, se as crianças conseguem esperar durante um tempo, as palmas das mãos começam a ficar dormentes e a ardência torna-se menos intensa. A queimação diminui e outras experiências sensoriais aparecem, como poças de água fria em suas palmas ou água escorrendo por suas pernas. Durante todo esse processo, sentimentos e reações são geralmente desencadeados nos corpos e mentes das crianças. Todas as experiências – emoções, pensamentos e sensações físicas – são alimento para a discussão posterior sobre a distinção entre impressões sensoriais, reações físicas e reações mentais.

Na segunda vez que realizamos o jogo, a ênfase é no que é preciso para *não reagir* ao gelo, tanto mental quanto fisicamente. A mente afeta o corpo e vice-versa, e estados mentais e físicos nem sempre estão alinhados, além de estarem sempre mudando. Após essa rodada do jogo, as crianças mais velhas e os adolescentes preenchem planilhas para distinguir entre experiências sensoriais diretas e aquelas que filtramos através de emoções, pensamentos e associações mentais. Veja a seguir uma planilha mostrando a visão de três adolescentes diferentes da mesma experiência.

Experiência sensorial direta	Categoria	Reação física	Reação emocional	Associações
Queimação do frio	Desagradável	Continua a segurar o gelo	Medo e vergonha	Foi tão difícil para mim e tão fácil para outros, eu sou um fracasso.
Queimação do frio	Desagradável	Continua a segurar o gelo	Realização	Se eu coloco minha mente em algo, consigo fazê-lo, mesmo que seja difícil.
Queimação do frio	Desagradável	Continua a segurar o gelo	Orgulho	Olha só para mim! Sou muito mais resistente do que as outras crianças. Não acredito que eles não conseguiram segurar um cubo de gelo por uns minutos!

Mesmo que eu não insista para que as crianças fechem os olhos quando elas não querem, alguns jogos de atenção plena às sensações são mais divertidos quando elas fecham. Muitas vezes, pedir que as crianças fechem os olhos durante jogos é menos problemático do que pedir que elas o façam durante a meditação, especialmente quando eles permanecem sentados e não deitados. Geralmente, as crianças se sentem confortáveis fechando os olhos nesse jogo e ele é um dos favoritos dos meus alunos do ensino fundamental. Alguns até gostam de jogar usando uma venda.

O QUE ESTÁ ATRÁS DE MIM?

As crianças fecham os olhos e colocam as mãos para trás enquanto você coloca pequenos objetos (borrachas, pedras, patos de borracha minúsculos ou dinossauros, dados, coisas escorregadias, coisas ásperas) em cada uma de suas mãos. Agora, peça-lhes para descrever qual é a sensação ao segurar seu objeto, que aparência elas acham que ele pode ter, se é duro ou macio, qual a sua forma. Depois que cada pessoa descreve seu objeto, veja se alguém consegue adivinhar o que é e depois peça a essa criança para mostrar o objeto para o grupo. Vá seguindo o círculo até que todas as crianças tenham tido a oportunidade de descrever o que estão segurando. Para elas, é divertido descrever coisas, ouvir as descrições de cada um e suas adivinhações.

O que você vê

Muitos jogos infantis comuns, como jogos de memória e quebra-cabeças, promovem a atenção plena do que se vê e são excelentes atividades de construção da atenção. Veja a seguir algumas delas para praticar em casa.

JOGO DO KIM

Pegue uma série de objetos domésticos (uma bola de borracha, cartas de baralho, pecinhas avulsas de jogos, uma concha, uma pedra etc.), coloque-os em uma bandeja e cubra-os com um pano. Dê um pedaço de papel e um lápis para todos e, em seguida, explique: existem [quantidade] objetos comuns nessa bandeja, que estou cobrindo com um pano. Lembre as crianças de não olhar até que estejam todos cobertos! Agora descubra por dez segundos. "Um, dois, três, quatro, cinco, seis, sete, oito, nove, dez." Então, rapidamente cubra tudo de novo e veja de quantos objetos as crianças se lembram. Peça que abram os olhos e anotem os nomes do que eles acham ter visto e, em seguida, descubra os objetos para que elas possam verificar quais estão realmente em suas listas.

O próximo jogo traz à tona o arquiteto e designer de interiores que existe em cada um de nós. Peça que as crianças desenhem tudo que lembram de um lugar específico. Pode ser de um quarto, uma mesa, uma estante, um quintal... qualquer lugar.

FAÇA UM DESENHO DO SEU QUARTO

Pegue um pedaço de papel agora mesmo e desenhe seu quarto a partir da sua memória. (Não espie!) Muito bem! Agora vá até o seu quarto, dê uma olhada ao redor e preencha o que faltar. Preste atenção ao que você desenhou com base na sua memória e o que adicionou mais tarde. A quantidade de detalhes que deixamos de notar ou que esquecemos é surpreendente, até mesmo em lugares muito familiares.

Consciência do seu corpo como um todo

As atividades anteriores de consciência sensorial vão desde atenção plena à alimentação, em que as crianças prestam atenção às informações que chegam por todas as portas dos sentidos de uma só vez, até jogos como "o som no espaço", em que as crianças focam, cuidadosamente, em uma única impressão de um sentido. A próxima prática destina-se a aumentar a consciência de todo o corpo. É uma visualização de todas as estrelas especiais no céu, uma para cada pessoa no planeta. Pode ser praticada tanto em posição sentada quanto em posição deitada, e começa com as crianças prestando atenção à sensação de sua respiração enquanto esta se move para dentro e para fora de seus corpos. Uma vez que elas estejam repousando na subida e na queda suaves de sua respiração, começo a falar sobre estrelas imaginárias no céu.

ESTRELA ESPECIAL

Todo mundo tem uma estrela especial no céu, aquela que está com você o tempo todo. Como uma sombra, sua estrela especial o acompanha quando você está comendo, dormindo, brincando e se divertindo. Mas ao contrário de sua sombra, sua estrela traz luz. Ela o segue para a escola, para o karatê ou o futebol, para um dia de brincar na casa de um amigo e, depois, na volta para casa. Essa estrela especial é toda sua.

Como ela é? Pode ser do jeito que você quiser que seja. De qualquer forma, tamanho, cor – pode ser feita de seda, de pele, de bolas de algodão. De qualquer coisa. Tente imaginar uma estrela que traz um sorriso para seu rosto quando você pensa nela. Talvez seja brilhante, suave, de bolinhas. Seja qual for a sensação que essa estrela lhe traga ou seja lá com o que se pareça, ela é só sua.

Como todas as coisas, sua estrela pode mudar. Talvez ela seja grande em alguns dias, pequena em outros, quente e depois fria. Isso é você quem decide. Mas seja qual for a aparência de sua estrela e a sensação que ela proporciona, é reconfortante saber que ela está sempre lá.

Agora imagine que sua estrela está no céu e você pode sentir sua luz quente pelo seu corpo. Imagine o que sua pele sente quando é banhada pelo calor de sua estrela especial. Sinta o calor no topo da cabeça, na testa, nas orelhas, bochechas, no nariz, em todo o seu rosto, queixo e até mesmo no pescoço. Lentamente, deixe a sensação leve e quente da luz mover-se para seus ombros e expandir-se para seu peito e tronco, braços, mãos e dedos. Agora o calor está se movendo para a parte média e inferior do seu corpo, aquecendo suas coxas, joelhos, canelas, pés e dedos dos pés.

Uau. É ótimo repousar e ser eu mesmo.

Uma última vez, vamos imaginar que podemos ver nossas estrelas e sentir seu calor cobrir nossos corpos inteiros como cobertores aconchegantes. Imagine, realmente, como é e a sensação que isso traz. Agora imagine que o calor de sua estrela é como um cobertor cobrindo suavemente sua pele e relaxando todo o seu corpo para que você possa descansar.

Fazer música juntos e liderar uma banda de atenção plena

Crianças de todas as idades são percussionistas natos e adoram batucar com qualquer instrumento improvisado que tenham à mão. Bebês e crianças pequenas batem as mãos naturalmente nas mesinhas de suas cadeiras de comer, e adolescentes frequentemente usam facas e garfos para criar um ritmo na mesa de jantar. Panelas e tigelas de madeira para saladas são ferramentas para a criatividade da criança. Com um pouco de criatividade, você pode transformar seus armários de cozinha em um tesouro de instrumentos improvisados e ver seus filhos florescerem como bateristas que poderiam competir com Stewart Copeland, do Police, e Ringo Starr, dos Beatles. Toque algumas músicas que goste e batuque junto com eles, ou vocês podem batucar juntos sem qualquer música de fundo. Seguir o ritmo um do outro, sintonizar-se um com o outro e com a música são atividades que promovem a escuta atenta.

Se você é o líder dessa banda de atenção plena, tenha em mente que essas sessões de improvisação podem ficar caóticas rapidamente. Para que você permaneça no comando:

- Mantenha o ritmo.
- Mantenha a atividade dentro de certa estrutura.
- Inclua partes iguais de silêncio e de percussão.
- Finalize a música se a atividade começar dar a sensação de ou soar mais frenética do que o padrão, fora do controle.

Quando terminar de tocar em conjunto e quando as risadas tiverem diminuído, sente-se calmamente e descanse no som do silêncio e da relativa curva ascendente e descendente de sua respiração. Como pai, mãe ou professor, você não precisa dizer as palavras "atenção plena" ou "meditação", mas ainda assim, se você seguir essas simples orientações, ao final da atividade haverá, muitas vezes, um sentimento de sintonia consciente na sala, sintonia com o outro e com a música. A sensação pode ser a de que a atenção plena aconteceu por si só.

Práticas de atenção plena às sensações podem ser divertidas sem que seja necessário muito tempo ou muitos materiais. Geralmente há algo no armário de sua cozinha que é rico em informações sensoriais: lentilha, feijão preto, nozes, amendoim, bolas de algodão, creme de barbear, ervilhas congeladas e lascas de amêndoas são todos bons objetos para usar nesses jogos.

SEPARAR FEIJÕES COM OS OLHOS FECHADOS

A próxima vez que você estiver preso dentro de casa em uma tarde chuvosa, abra o armário da cozinha e retire do armário alguns sacos de feijão. Um punhado de feijões vermelhos, pretos e lentilhas são suficientes. Se tiver um saco de ervilhas no congelador, você também pode usá-lo. Coloque um pouco de cada tipo em uma tigela, cubra com um guardanapo e coloque-a sobre a mesa juntamente com quatro copos ou xícaras de chá vazios. Agora você está pronto para jogar. Geralmente, nós organizamos as coisas por sua aparência, mas neste jogo vamos levar em consideração a sensação que elas proporcionam.

Peça às crianças que fechem os olhos ou amarre lenços em volta de suas cabeças para vendar seus olhos. Uma vez que estejam vendados, retire o guardanapo da tigela e coloque-a na frente dos pequenos. Agora, ajude-os a tirar os feijões ou ervilhas congeladas um de cada vez. Juntos, passem os grãos entre os dedos, compare-os descrevendo a sensação que eles proporcionam e coloque os feijões ou ervilhas em uma das várias xícaras, separando-os por tipo (você terá uma xícara para cada tipo, por exemplo, feijões grandes, feijões pequenos, feijões alongados e ervilhas congeladas). Como as crianças estão com os olhos vendados, você provavelmente vai querer que elas lhe digam que tipo de feijão é, para que você possa colocá-lo na xícara correta. Por exemplo, as redondas e frias entram em uma xícara (a das ervilhas congeladas). Os alongados e rígidos entram em outra xícara (a do feijão). Os grãos minúsculos são as lentilhas e elas vão para uma terceira xícara. Depois que todos os grãos forem classificados, pergunte às crianças que tipo de grão está em cada xícara. Agora, tire as vendas e confira. Juntos, vocês podem falar sobre o quanto confiamos em nosso sentido da visão. E que, mesmo quando ficamos privados dele, podemos aprender muito sobre as coisas através de outros sentidos.

Ferramentas para aumentar a consciência

As crianças conseguem dizer o que está acontecendo em seus mundos interiores e exteriores ao prestar cuidadosa atenção à informação que lhes chega através das portas dos sentidos. O "medidor da mente" lhes oferece uma maneira divertida de dizer o que está acontecendo em suas mentes e corpos sem que precisem transformar aquilo que percebem em palavras.

Medidor da mente

Você pode fazer uma cópia desse "medidor da mente" e colorir os triângulos em três cores diferentes para o "jogo do medidor da mente", em que as crianças respondem as perguntas apontando para o triângulo que melhor descreve como elas estão se sentindo. O objetivo do jogo é ajudar as crianças a fazerem observações e descrever sua experiência do momento presente. Como as crianças estão simplesmente descrevendo como se sentem, não há respostas certas ou erradas, desde que respeitem as outras pessoas e respeitem a si mesmas. Ao trabalhar com crianças pequenas, geralmente minha primeira pergunta é se é fácil ou difícil para elas ficarem paradas. Veja como eu faço:

Vou fazer uma pergunta e você tem que apontar para o triângulo colorido no "medidor da mente" que melhor descreve como você se sente neste momento.
Por favor, espere até que eu diga "Já!".
A questão é se, neste momento, está fácil ou difícil ficar sentado. Se você estiver tendo dificuldades em ficar sentado, aponte para o triângulo vermelho; se estiver fácil, aponte para o azul; se não estiver nem difícil nem fácil, mas algo entre os dois, aponte para o amarelo.
"Um, dois, três e... já!"

Crianças se distraem com facilidade. Não é incomum que olhem e vejam para onde seus amigos estão apontando antes de elas mesmas apontarem, apenas para se certificar de que estão jogando o jogo corretamente. Dizer "Um, dois, três e já!" ou "Na posição, vá!" para dar a partida ao jogo ajuda a evitar esse problema. Esse jogo desenvolve a consciência das crianças sobre o que os seus corpos estão lhes dizendo através de sinais como rigidez, fadiga, dor e fome. Ele também me dá a oportunidade de incentivá-las a ouvirem o que seus corpos têm a dizer.

O "medidor da mente" tem diversas outras aplicações práticas e uma delas é que ele me dá uma ideia de como as crianças com as quais trabalho se sentem. Com uma rápida pergunta do "medidor da mente", sou capaz de sentir se elas estão tendo problemas para ficarem paradas. (E, se estiverem, é hora de jogar um jogo fisicamente mais ativo.) Ao incentivar as crianças a verificarem o "medidor da mente" de seus colegas depois de terem apontado para um triângulo, elas poderão reconhecer que suas impressões não são exclusivas. Elas não estão sozinhas quando se sentem fisicamente desconfortáveis, entediadas ou bobas.

Uso o "medidor da mente" para promover a consciência tanto do estado da mente quando do corpo, e escolho as minhas perguntas com base na qualidade que espero encorajar ou na experiência que espero que a criança entenda melhor. Por exemplo, se acho que uma criança está irritada porque está com fome, eu pergunto: "Será que o seu estômago se sente completo, vazio ou confortável?" Aqui estão algumas perguntas que fiz para promover qualidades específicas que a atenção plena desenvolve.

Para desenvolver a consciência da...	*Perguntar...*
Atenção	*Você está focado, está concentrado, está distraído ou algo no meio disso?*
Atenção	*É fácil prestar atenção, é difícil prestar atenção ou é algo no meio disso?*
Clareza	*Você se sente confuso, você se sente esclarecido ou algo no meio disso?*
Clareza	*Fazer isso (pode ser qualquer coisa – sentar quieto, estudar matemática em casa) é fácil, difícil ou é algo no meio disso?*
Paciência	*Você se sente paciente, impaciente ou algo no meio disso?*
Amizade	*Você se sente amigável, hostil ou algo no meio disso?*
Interconectividade	*Você se sente sozinho, parte de uma comunidade ou algo no meio disso?*

Adaptabilidade	*Você se sente interessado, desinteressado ou algo no meio disso?*
Vigilância	*Você se sente lento, energético ou algo no meio disso?*
Conforto físico ou relaxamento	*É fácil sentar, é difícil ou é algo no meio disso?*

Atenção plena juntos: polegar para cima, polegar para baixo e polegar para os lados

Você não precisa de um "medidor da mente" de papel para jogar esse jogo em uma sala de aula ou em casa com os seus filhos. As mesmas perguntas também podem ser respondidas usando sinais com as mãos, com o polegar para cima, para baixo ou para os lados. Assim como o "medidor da mente", sinais com as mãos podem ajudar as crianças a desenvolverem a consciência do que está acontecendo em suas mentes e corpos, e a comunicar essa consciência de forma não verbal. Por exemplo, caso a questão seja se é fácil ou difícil sentar tranquilamente, em vez de responder perguntas apontando para o triângulo da cor que melhor descreve como se sentem, as crianças sinalizam com um polegar para cima se está fácil permanecer sentado, com um polegar para baixo se está difícil e com um sinal para os lados se o status é algo entre um e outro.

Há muita confusão sobre o agora

Outro objetivo do jogo "medidor da mente" é ajudar crianças a entenderem melhor sua experiência no momento presente, especificamente o que está acontecendo em suas mentes e corpos. Também uso o "jogo do oi" para essa finalidade.

JOGO DO 01 - O QUE ESTÁ ENTRANDO ATRAVÉS DOS SEUS SENTIDOS NESTE MOMENTO?

Nesta versão do "jogo do oi", nós nos colocamos em um círculo (ou ao redor da mesa de jantar), olhando para nosso vizinho, fazendo contato com os olhos e dizendo "oi". Para enfatizar a consciência do corpo, use uma saudação que destaque impressões sensoriais, como identificar uma sensação sem rotulá-la de boa ou má. Por exemplo: "Oi, sinto meus ombros tensos" ou "Oi, meus pés estão frios".

Ou você pode pedir para que uma criança diga "oi" e, em seguida, identifique a impressão que está vindo de um de seus sentidos, como, "Oi, minhas meias são macias" ou "Oi, eu vejo um globo no canto do quarto", ou "Oi, eu sinto o cheiro dos biscoitos assando no forno", ou "Oi, eu sinto o gosto do sabor de menta do meu chiclete", ou "Oi, eu ouvi o barulho da lareira na sala ao lado".

Como no jogo "medidor da mente", o objetivo aqui é identificar a impressão de um sentido do momento presente e descrever essa impressão. À medida que nos revezamos dizendo "oi", as crianças com frequência analisam sua experiência sem compreendê-la, como ao dizer: "Oi, aquele cartaz na parede é legal." Esses comentários são uma grande oportunidade para revelar como opiniões que nem ao menos percebemos que temos podem esconder-se no que dizemos e fazemos, e você pode sugerir que a criança descreva o cartaz novamente em uma linguagem neutra. Ela poderá reformular a descrição para "Eu vejo um pôster de *rock 'n' roll* na parede".

Pode parecer algo irrelevante, mas acho esses exercícios úteis para ajudar crianças a aprenderem a observar e descrever objetivamente uma experiência do momento presente antes de tirarem quaisquer conclusões. É uma oportunidade para lembrar às crianças que o desenvolvimento do julgamento é importante e está relacionado a ver claramente. Para que uma criança ou adolescente veja claramente, ele deve estar ciente de suas próprias opiniões e diferenciá-las de descrições.

Alguns pressupõem que focar no momento presente significa ignorar o passado e o futuro, mas não é assim que funciona. Tudo aquilo que conduz até este momento faz parte do agora. Nossos objetivos, expectativas e medos sobre o futuro também fazem parte do agora. Eu não poderia tirar minha infância de dentro de mim assim como não poderia tirar os meus ossos do meu corpo. Minha experiência passada influencia o que estou fazendo agora. O que eu espero que irá (ou não) acontecer no futuro também influencia o que estou fazendo e escrevendo agora.

Não me interprete mal: não estou pensando sobre o passado ou o futuro enquanto estou escrevendo. E não vou pensar sobre o passado ou o futuro quando eu meditar mais tarde. Mas isso não significa que as experiências passadas e as expectativas futuras não estejam influenciando a experiência do meu momento presente. Eu não preciso estar pensando em algo para que esse pensamento permeie minha perspectiva.

A maioria das crianças e adolescentes entendem intuitivamente que o passado, o presente e o futuro estão naturalmente entrelaçados. Crianças do ensino fundamental e médio, em particular, tendem a ter uma noção clara de que o que elas estão fazendo agora terá um efeito sobre o que acontecerá a seguir, e tanto a ação presente quanto as expectativas futuras estão ligadas ao que elas já disseram ou fizeram antes. Os adolescentes não precisam pensar muito sobre essa sequência – eles tendem a saber disso por experiência própria, porque, uma vez que provavelmente estão cursando o ensino médio, já aprenderam da maneira mais difícil que as ações têm consequências. Eles entendem que, se uma prova está chegando (no futuro), é importante estudar (agora), e eles sabem como estudar (agora) porque já estudaram para muitas, muitas outras provas ao longo de sua carreira escolar (no passado). Em outras palavras, se não estudam agora as anotações da aula de ontem, eles estão propensos a serem reprovados no exame de amanhã.

Um mal-entendido sobre o conceito de "agora" pode se tornar uma ladeira escorregadia que rapidamente leva a um sentimento de desesperança. Se as crianças veem o que está acontecendo no momento presente como separado da experiência do passado e do futuro, imaginar que o que dizem ou fazem faz pouca diferença é uma conclusão compreensível. Compreensível, mas em desacordo com dois fundamentos básicos da prática da atenção plena: que todas as ações têm consequências e que tudo muda. Em uma visão de mundo que é permeada por uma compreensão visceral da interdependência e da impermanência, absolutamente... cada... momento... conta.

Atenção plena juntos: ouvindo o que nossos corpos estão tentando nos dizer

A natureza da mente de todos é clara e sensível a cada experiência que surge ao nosso redor. Mas essa clareza e sensibilidade fundamentais podem estar escondidas por pensamentos, emoções e projeções. Imagine-se em uma noite quente de verão olhando para um céu azul índigo, com tantas estrelas brilhantes, luas e planetas quanto os olhos podem ver. Agora, imagine-se olhando para cima em uma noite nublada. Os planetas e as estrelas ainda estão no céu, mas você não mais pode vê-los. O vasto e tranquilo céu está sempre dentro de nós. A meditação pode descascar as velhas camadas mentais que obscurecem a clareza natural de nossas mentes.

Sentar sobre uma almofada com as pernas cruzadas por um longo período é uma das muitas maneiras de meditar. Mas também há outras maneiras menos formais de meditar. Descobertas significativas podem ser relevadas em um lampejo de compreensão durante tarefas da rotina doméstica. A chave para a prática da meditação na vida diária é repousar no que está acontecendo no momento presente, enquanto está acontecendo, sem pensar demais. Isso normalmente requer uma mudança de perspectiva.

Para organizar e navegar de forma eficaz entre esquemas de carona, consultas médicas, reuniões, lições de casa, compromissos após a aula e outras inúmeras atividades que compõem a vida familiar, muitas vezes os pais adotam uma mentalidade de comandantes militares táticos, obcecados por logística, o que é o polo oposto da mentalidade sensível e aberta da meditação. Trocar de marcha, de uma mentalidade logística para uma mentalidade não conceitual, é pedir demais para qualquer pessoa e, para aqueles que são novos na meditação, pode levá-los à frustração. Há, no entanto, muitas maneiras de unir esses dois polos e facilitar a transição. A última coisa que eu quero é que os pais sintam que falharam na meditação porque suas mentes nem sempre estão pacíficas quando meditam. Então, eu os encorajo a ouvir música, beber uma xícara de chá, tomar um banho quente ou caminhar no jardim antes de se sentarem para meditar. Aqui vai uma sugestão para você experimentar em casa.

Antes de começar, é importante que você dê uma olhada em sua programação e horário. Não importa quanto tempo você tem: se tiver cinco minutos, meia hora, ou mais do que isso, é o suficiente para praticar a atenção plena. Se há algo que você precisa fazer em um determinado momento, é uma boa ideia ligar o alarme. Uso meu telefone celular e escolho um toque com som de grilos.

Prepare uma xícara de chá quente antes de meditar. Enquanto espera a água ferver, sugiro que sente em uma cadeira confortável e relaxe. Tente não pensar na logística agora. Em vez disso, use o tempo para fazer algo agradável, como ouvir música ou folhear um livro, uma revista ou um álbum de fotos. Seja lá o que você faça, *não* gaste esse tempo em tarefas domésticas. Por favor, nesse momento, use esses poucos minutos para si e descanse. Se pensamentos sobre coisas que você tem que fazer ou que deveria estar fazendo vierem à mente, note-os, mas, por favor, coloque-os de lado. Você pode pensar sobre eles mais tarde. O objetivo agora é diminuir a marcha e passar da postura de pensar e de analisar a vida para a postura de focar-se em sentir e viver a vida.

Uma vez que a água esteja fervida e você tenha preparado o seu chá, sente-se calmamente e pegue a xícara com suas mãos. Qual é a sensação do calor da cerâmica contra a palma da sua mão? Respire profundamente e relaxe. Observe se você é capaz de beber o chá devagar, e deliberadamente observe pensamentos, emoções e sensações físicas que venham à mente enquanto você o saboreia.

Uma enorme quantidade de informações sobre o mundo exterior está disponível sempre que prestamos atenção ao que entra pelas portas dos nossos sentidos. Enquanto você bebe seu chá, reflita sobre o que seu corpo pode estar tentando lhe dizer. Você sente alguma tensão ou dor em seu corpo? Será que esse tempo reservado para relaxar muda a maneira como o seu corpo se sente? A sensação é agradável, desagradável ou neutra? Alguma característica do seu corpo ou mente se altera devido a essa pausa no seu dia para desfrutar conscientemente de uma xícara de chá?

Veja se você é capaz de beber o seu chá sem olhar para o alarme. Se ele tocar antes de você ter a chance de meditar, parabéns! Beber seu chá de forma atenta e plena é uma forma de meditação em si. Sob o ponto de vista da atenção plena, trazer consciência enquanto se bebe um chá às sensações do seu corpo e mente, conforme elas estão acontecendo e sem a necessidade de nomeá-las, é uma prática de atenção plena às sensações. Desacelerar e beber um chá de forma atenta e plena ajuda a construir nossa capacidade de perceber as informações do mundo lá fora, que entram em nossas mentes através das portas dos sentidos do nosso corpo.

Se você ainda tiver algum tempo, vamos fechar essa prática de atenção plena com respiração simples e consciência corporal. Para isso, você vai colocar seu chá de lado e sentar confortavelmente onde quer que seja, com as mãos sobre os joelhos, os pés tocando o chão, costas retas, queixo dobrado e os olhos voltados suavemente para baixo ou fechados, o que for mais confortável para você. Examine seu corpo com atenção rapidamente e, se você sentir qualquer desconforto ou tensão, mude sua postura física para que fique mais confortável. Se não é possível para você sentar-se ereto de forma confortável, deite-se de barriga para cima com os olhos fechados ou voltados para baixo em direção ao peito.

Seja qual for a postura que você adote – sentado ou deitado –, uma vez que esteja fisicamente confortável, simplesmente foque na sensação do movimento de sua respiração por todo o seu corpo.

Incentivo você a reservar o tempo que resta para repousar de forma atenta. Respire e relaxe. Expire e solte qualquer tensão de sua mente e corpo. Veja se consegue manter sua mente focada na sensação do movimento de sua respiração por todo o corpo. Inspire, expire, perceba esses atos simples que são a base de nossas vidas.

Atenção Plena Juntos

Agora que você já praticou a consciência sensorial ao segurar e beber sua xícara de chá de forma atenta, pratique algo semelhante com seus filhos. Vocês podem, por exemplo, saborear chocolate quente de forma atenta juntos. Pergunte se eles gostam da forma como sentem o copo morno contra as palmas de suas mãos. Descreva a sensação em suas mãos. Se houver vapor saindo do leite, incline-se e veja se pode senti-lo contra o seu nariz, bochecha, testa e incentive seus filhos a fazerem o mesmo. Se beber chocolate quente juntos dessa forma lhes deixa relaxados e felizes, fale sobre isso também. Se quiser, converse sobre a atenção plena, mas sem a necessidade de mencioná-la em tudo. Não importa o nome que você dá ao que está fazendo. Independentemente do nome, com suavidade ajude seus filhos a se tornarem mais conscientes da informação exterior que entra através das portas dos sentidos e a tomarem um momento para experimentá-la – isso é praticar a atenção plena juntos.

7

Liberdade emocional:
libere-se de pensamentos
e sentimentos destrutivos

EU GOSTARIA DE NÃO TER PROBLEMAS.
EU GOSTARIA DE ESTAR NO ENSINO MÉDIO.
EU GOSTARIA DE TER UMA IRMÃ.
EU GOSTARIA DE REALIZAR TODOS OS MEUS DESEJOS.

Aluno do quinto ano do ensino fundamental

Quando Gabe e Allegra tinham dez e doze anos respectivamente, achei que levá-los para assistir a uma cerimônia budista de salvar vidas[51] poderia ser um passeio em família significativo. O objetivo realmente não era incutir crenças e costumes budistas nas crianças. Era um belo dia de inverno e, embora já tivesse lido sobre essas cerimônias, eu mesma nunca havia participado de uma, e Seth e eu estávamos curiosos. Assim, nós todos entramos no carro e fomos até Marina del Rey.

A cerimônia mensal de salvar ou libertar peixes, feita com o objetivo de liberar todos os seres do sofrimento, era patrocinada pelo Grupo de Estudos Karma Kagyu em Los Angeles, organização afiliada a um lama tibetano que morava em Nova York. Os participantes se encontravam na loja de pesca esportiva e compravam, pela metade do preço, iscas vivas para a cerimônia. Aproximadamente 35 participantes compraram milhares de sardinhas e anchovas que seriam comumente utilizadas como iscas por pescadores. Nós desembolsamos vinte dólares por um balde de água cheio de peixes vivos e uma concha de cozinha. Nossa doação foi (perdoem o trocadilho) uma gota d'água no oceano em comparação às pessoas que compraram barris de peixes por mais de mil dólares do lojista estupefato.

Esperamos no cais até a chegada dos lamas que iriam conduzir a cerimônia e entoar as preces. O cenário era lindo, as crianças estavam animadas e fomos tocados pela calorosa comunidade for-

---

[51] Nota do editor: Uma cerimônia tradicional budista em que se compram e libertam animais que seriam abatidos.

mada por todas aquelas formas, tamanhos, idades e cores reunidas naquela tarde para celebrar a vida e a liberdade. A liberdade é um valor fundamental das tradições judaico-cristãs nas quais fomos criados e parece natural para a nossa família juntar-se a essa mesma expressão de valores representada pela cerimônia budista de salvar vidas. Enquanto refletíamos sobre esses conceitos à luz da família e dos novos amigos, Seth e eu observamos dois pescadores na beira do cais, com os anzóis carregados de iscas, preparados, apenas esperando. Não mencionamos nada para as crianças, mas percebemos que eles estavam à espreita da cerimônia para capturar os peixes maiores – linguados, robalos e barracudas – que viriam em direção ao cais uma vez que as iscas fossem liberadas.

Logo, cinco monges usando túnicas de cor amarelo açafrão e sandálias chegaram e começaram a cerimônia cantando *"Om Mani Padme Hung"*, um cântico de compaixão tibetano. Allegra, Seth, Gabe e eu nos revezamos tirando as iscas do balde de metal e as lançando no porto. Outros participantes, esses que haviam comprado centenas de dólares em peixes, estavam esvaziando uma grande piscina cheia de iscas no cais. Sob o espírito da liberdade, milhares e milhares de peixes foram liberados naquela manhã.

Naquele momento, Gabe e Allegra também haviam notado os pescadores no final do cais preparando seus anzóis para capturar os peixes maiores que nadariam do oceano para devorar os peixes menores que havíamos libertado. Eu ainda tinha esperança de que eles veriam a cerimônia da mesma maneira que nós, como uma forma de aprofundar nossa valorização pela vida e pela liberdade. E mesmo se alguns pescadores usassem as iscas de peixe que tínhamos liberado para fisgar seu próprio almoço, esse toque de ironia não iria estragar o simbolismo da cerimônia. Como pais, expomos nossas crianças a experiências culturais na esperança de que estas expandam seus horizontes e ajudem-nas a ver o mundo de uma nova maneira. Às vezes, sabemos imediatamente que funcionou. Outras vezes, no entanto, não temos tanta certeza ou tememos que nossa ideia tenha caído por terra.

Aquele era um desses momentos. Então, ouvimos alguém chamando – um cara barbudo com um lápis e um bloco de repórter na mão – enquanto subia as escadas, nos pedindo para parar por um momento para conversar com ele. Era um repórter fazendo uma matéria sobre a cerimônia de salvar peixes para o jornal *Los Angeles Times*. Ele queria perguntar a Allegra e Gabe a respeito de suas impressões sobre a cerimônia. Olhando bem nos olhos desse estranho e com uma expressão diferente, Gabe explicou: "Faz a gente se sentir bem por libertar algo." E Allegra concordou: "É sobre ter uma segunda chance. Se eu for capturada, espero que os budistas me libertem."

Com ou sem pescadores, as crianças haviam entendido a mensagem.

LIBERTANDO AS JOANINHAS

Você pode fazer sua própria cerimônia de salvar vidas com uma caixa de papelão cheia de joaninhas compradas de uma loja de jardinagem ou de grilos comprados na loja de animais. Reúna as crianças ao redor da caixa e digam às pequenas criaturas que vocês esperam que elas vivam em liberdade novamente. Abrindo a caixa, libertem-nas e observem-nas movendo-se pela grama, seguindo caminhos diferentes. Vocês podem enviar-lhes desejos carinhosos esperando que sejam felizes, saudáveis, protegidas e que vivam em paz. Não importa se metade será comida por aves dentro de alguns minutos. O que importa é que vocês as libertaram.

Atenção plena aos pensamentos, às emoções e a como reagimos a eles

Assim como libertamos peixes e joaninhas, também podemos libertar nossas próprias mentes através de certas técnicas de atenção plena. Em nossa busca por liberdade psicológica, apelamos novamente ao observador amigável, e trazemos a nossa consciência para pensamentos e emoções e para como reagimos a eles. Experimentamos a atividade em nossas mentes com interesse e envolvimento, mas sem nos deixarmos levar pelas histórias que muitas vezes dão sequência às nossas emoções. Isso pode ser difícil, especialmente se nos identificamos demasiadamente com nossos pensamentos e emoções. Em seu livro *Dear Patrick* (sem tradução no Brasil), o Dr. Jeffrey Schwartz discorre sobre esse tema através da história de um adolescente praticante de remo que ele orientou no final da década de 1990:

> *Olhe para sua mão. Enquanto olha para ela, feche o punho.*
>
> *Você diria "estou fechado"? Claro que não. É sua mão que está fechada. Você é quem decidiu fechá-la.*
>
> *Agora, "olhe para" seu humor, ou seja, faça uma nota mental sobre ele.*
>
> *Aposto que você imediatamente pensará algo como "estou feliz", ou "estou triste", ou "estou agitado", ou "entediado", ou o que quer que esteja acontecendo agora. Mas tenho novidades pra você: o fato de que você pode observar seu humor e descrevê-lo exatamente como faria com sua mão significa que você não é isso. Lembre-se disso, porque esse é o cerne da questão: se pode observar e descrever algo, então esse algo não é você, não é o seu núcleo, seu eu verdadeiro...[52]*

Pensamentos e emoções são parte de quem somos, não nossa totalidade. São um reflexo da atividade dinâmica que ocorre natu-

---

[52] Jeffrey M. Schwartz, *Dear Patrick: life Is tough—here's some good advice*, Nova York, Harper Perennial, 2003, p.116.

ralmente em nossas mentes, e eles dão vazão, fluem e, eventualmente, espalham-se em nós.

Conforme as crianças crescem e desenvolvem o domínio da atenção necessária para visualizarem seus pensamentos e emoções de forma clara, começam a ter uma noção do que está acontecendo em suas mentes. Com habilidades de atenção boas e estáveis, é possível que experimentem emoções enquanto estas se revelam e permaneçam estáveis caso reações dolorosas ocorram no meio disso. A postura de um observador amigável inibe a super-idenficação de pré-adolescentes e adolescentes com seus pensamentos e emoções, e encoraja-os a verem seus sentimentos de forma diferente. Em vez de pensar "estou com raiva", o observador amigável enxerga "tenho um sentimento de raiva". Em *Dear Patrick*, Schwartz caracteriza isso como a compreensão da diferença entre "meu cérebro e eu". Fazer uma distinção sutil entre "meu cérebro e eu" ou "meu corpo e eu" pode ser desafiador e requer um nível de maturidade que algumas crianças ainda não desenvolveram. Porém, é um exercício valioso.

Atenção plena aos pensamentos

Aqui estão alguns jogos e atividades que estimulam crianças mais velhas e adolescentes a trazerem a consciência amigável para seus pensamentos. Observar a mente não apenas durante a meditação, mas ao longo do dia, pode ser algo complicado de se explicar a alguém, mas a música de John Lennon "Watching the wheels" faz isso muito bem. Lennon escreveu "Watching the wheels" durante seu afastamento da indústria da música durante seis anos, no final da década de 1970. Na letra, ele escreve que "as pessoas dizem que eu sou louco, sonhando a vida inteira" e explica como agora ele passa seu tempo assistindo às rodas rodarem e rodarem. Lennon conclui que já não anda mais no gira-gira e que teve que abandoná-lo.

Ao cantar a música "Watching the wheels" com as crianças, mudo a última frase para "eu apenas assisto e solto". Pergunto se elas já viram um hamster correndo em uma roda. A maioria delas viu. Então pergunto se elas nunca se sentem como se estivessem em uma roda de hamster em suas mentes, com pensamentos e emoções girando, como o hamster correndo na roda. A maioria das crianças dizem que já se sentiram assim e que apostam que John Lennon também se sentia assim. Falamos sobre o que será que Lennon quis dizer com "eu adoro vê-los girar" e como assistir ao gira-gira da vida não é o mesmo que ser arrastado por ele. Essa canção tem sido um trampolim para muitas discussões animadas sobre o estresse, sobre o materialismo, sobre os vários gira-giras em que as crianças estão e sobre as formas de se liberar disso. Os alunos têm notado por si mesmos que fama e fortuna podem ser escravizantes. Folheando os tablóides enquanto esperam no caixa de lojas com suas mães, adolescentes veem que algumas liberdades que possuem e entendem como básicas, como tomar sorvete sem parar ou sair para comprar uma caixa de leite com roupas velhas e cabelo sujo, não estão disponíveis para as celebridades. Eles têm empatia pelo tipo de vida que John Lennon e outros como ele levavam.

CORRENTE DE MACACOS

Há um brinquedo infantil bem colorido chamado "barril de macacos", um barril de plástico cheio de macacos de brinquedo que eu uso quando pratico a atenção plena com crianças. Os braços dos macacos são em forma de gancho para que as crianças possam fazer uma corrente de macacos, unindo-os pelos braços. É uma maneira ativa e divertida de demonstrar como nos relacionamos com os pensamentos e emoções durante a prática introspectiva. Depois pergunto às crianças o que as distraiu enquanto praticavam a atenção plena à respiração ou durante a caminhada lenta e silenciosa. As crianças se revezam respondendo e, cada vez que alguém menciona um pensamento, emoção ou sensação física, puxo um macaco para fora do barril a fim representar a distração e o conecto à corrente de macacos. Adicionando macaco após macaco na corrente, saliento que, ao praticar a atenção plena à respiração, nenhum macaco (ou distração) é considerado mais significativo do que o outro e que lidamos com todas as distrações da mesma forma. Independentemente do seu conteúdo, cada pensamento é uma distração e cada emoção é outra distração. Pergunto: "O que faremos com as distrações quando notarmos sua presença?" Em seguida, vem a parte favorita das crianças: elas gritam "Liberar!" ou "Soltar!". Então eu solto a corrente de macacos, eles caem de volta no barril e começamos tudo de novo.

JOGO DO OI: O QUE VEM E VAI NA SUA MENTE NESTE MOMENTO?

Nesta versão do "jogo do oi", nós andamos em círculo (ou ao redor da mesa de jantar), voltando-nos para a pessoa ao nosso lado, fazendo contato com os olhos e dizendo "oi". Em seguida, mencionamos algo que estamos pensando nesse exato momento. Para reforçar a consciência de como muitas vezes as crianças estão distraídas e de quantas vezes nossas mentes se desviam para o passado ou para o presente, peço aos pequenos que classifiquem o que quer que estejam pensando em uma das três categorias: passado, presente ou futuro. Por exemplo, você pode fazer contato visual com sua filha e dizer: "Bom dia, estou pensando em sua festa de aniversário neste exato momento." Em resposta, ela poderia dizer: "Oi, mamãe, eu também estou pensando no meu aniversário, já que você falou dele." O próximo passo é identificar se estamos pensando em algo no passado, presente ou futuro. Nesse caso, a festa de aniversário pode estar no passado ou no futuro. Você pode repetir o jogo praticando a consciência das emoções, em vez dos pensamentos – nesse caso, a brincadeira seria dizer "oi" e o que você está pensando ou sentindo agora. Com um pouco de criatividade, há um número infinito de perguntas que podem ser feitas após o "oi", e este jogo irá lhe ensinar importantes lições.

Atenção plena a comportamentos automáticos

Poucas coisas limitam nossa liberdade psicológica, física e emocional mais do que os hábitos de fala, pensamento e ação que nós nem sabemos que temos. Albert Einstein definiu a loucura como "fazer a mesma coisa vez após vez e esperar resultados diferentes" e, para o bem ou para o mal, todos nós temos hábitos – alguns deles são úteis ou neutros, mas outros persistentemente criam problemas em nossas vidas. Hábitos profundamente arraigados podem levar diversas pessoas a algum tipo de insanidade, tanto crianças quanto adultos, mas é mais fácil para as crianças mudarem os hábitos do que para os adultos. Uma maneira de começar a reconhecer seus padrões é criar sinais externos que deverão surgir automaticamente ao longo do dia. Esses "sinais de pare" proporcionam uma oportunidade para fazer uma pausa e:

Refletir sobre sua motivação (ela é amigável ou hostil?).

Refletir se as ações que podem surgir a partir dessa motivação irão (ou não) conduzi-lo à felicidade.

Mudar a direção, se necessário, para uma ação ou estado mental que possa conduzi-lo à felicidade.

Aqui estão algumas atividades que gentilmente interrompem o comportamento automático.

SINO DE ATENÇÃO PLENA

Uma prática conhecida por interromper a vida cotidiana é o sino da atenção plena. O mestre zen vietnamita Thich Nhat Hanh recomenda que famílias usem o sino de atenção plena para sinalizar que é hora de dar uma breve pausa no que quer que estejam fazendo e verificar a respiração. O sino pode ser qualquer coisa que produza um som agradável e contínuo. Integrar um sino de atenção plena à sua rotina familiar geralmente traz oportunidades surpreendentes e divertidas para a tomada de consciência.

Você pode usá-lo para chamar a atenção de seus filhos sem precisar gritar mais alto do que o som da televisão, do rádio, da música ou de outro ruído doméstico.

Quando seus filhos parecem estar tão agitados e incontroláveis, na iminência de se acidentarem ou terem alguma crise emocional, você pode desacelerar a agitação tocando o sino.

Você pode autorizar seus filhos a tocarem o sino de atenção plena sempre que eles quiserem que toda a família faça uma pausa e reflita. A primeira vez que uma criança usa o sino de atenção plena pode surpreender seus pais. Vários pais descreveram a mesma cena para mim. Eles são interrompidos no meio de uma discussão pelo toque do sino de atenção plena e, quando percebem que foi seu filho que o tocou, caem na gargalhada. Esse é um dos meus exemplos favoritos de como os pais podem empoderar as crianças a cuidarem de si mesmas. Que ótima maneira de resolver conflitos e oferecer um modelo de resolução de conflitos para as crianças.

UMA FITA AMARRADA AO DEDO

Você também pode criar lembretes de atenção plena e colocá-los em sua casa ou mesmo usá-los. Vi crianças amarrarem uma fita em torno do dedo, criarem pulseiras de atenção plena feitas de laços de fitas ou miçangas, colarem um pequeno pedaço de fita adesiva colorida em seus telefones celulares e manterem um post-it em suas telas de computador ou geladeiras. Esses lembretes físicos são formas eficazes para integrar a consciência amigável à sua rotina. Sempre que você olhar para eles, basta fazer uma pausa para se dar conta do que está acontecendo em sua mente e seu corpo.

LEMBRETE PARA RESPIRAÇÃO

Todos os dias, crianças envolvem-se em tarefas rotineiras como escovar os dentes ou colocar meias. Você pode sugerir a seus filhos que escolham uma dessas atividades diárias relativamente banais e usem-na como oportunidade para praticar a atenção plena à respiração. Por exemplo, eles poderiam parar e respirar todas as noites antes de escovar os dentes ou de manhã quando calçam suas meias e sapatos. Lembretes para respiração ajudam as crianças a reconhecerem quantas coisas elas fazem no piloto automático. Ao interromper o comportamento automático, as crianças têm tempo e espaço mental para formar conexões entre o que estão fazendo, o que estão pensando e como estão se sentindo. Mesmo crianças muito pequenas podem fazer essas conexões. Você pode perguntar:

Como está a respiração um pouco antes de dormir e assim que a criança acorda todos os dias.

Como está a respiração quando ela corre e brinca.

Como está a respiração quando está no carro ou ônibus a caminho da escola.

Como está a respiração quando está rindo ou logo após rir.

Se eu tivesse que escolher apenas uma atividade para as crianças praticarem em casa, seriam lembretes de respiração, porque eles têm facilitado mudanças mais significativas no comportamento de meus alunos e de suas famílias do que qualquer outra prática de atenção plena que eu ensino.

Atenção plena às emoções e reatividade emocional

Uma vez que as crianças se tornam conscientes de emoções dolorosas, nem sempre é fácil para elas falerem sobre isso. Trudy Goodman, professora de meditação e psicóloga que trabalhou extensivamente com famílias e crianças, sugere um ponto de partida criativo para conversas sobre emoções, com base em uma prática clássica que compara emoções difíceis com visitantes que vêm e vão. Assim como hóspedes, algumas emoções são bem-vindas, outras não. Alguns hóspedes chegam em um momento conveniente, outros não. Mesmo os visitantes bem-vindos que chegam em um momento conveniente podem ficar tempo demais e deixar de ser bem-vindos. Quando isso acontece, é útil lembrar que visitas, por definição, não vão ficar para sempre. Personificando emoções como visitantes, podemos alegremente falar com crianças sobre as emoções, mesmo sobre as mais dolorosas. À medida que as crianças experienciam a energia da emoção desdobrar-se ou revelar-se, elas podem começar a reconhecer que, assim como visitantes inconvenientes, mais adiante a dor emocional irá embora. Considero esse método especialmente útil quando trabalhamos com crianças menores.

Sentar em círculo e falar sobre seus sentimentos em uma atmosfera de bondade e compaixão pode ser revolucionário para crianças e adolescentes. Em *The way of council* (não traduzido no Brasil), Jack Zimmerman cita meu colega Tom Nolan, que observou: "Encorajar crianças a falarem do fundo do coração é passar uma mensagem forte para elas. Ajuda a educá-las a respeito de suas emoções, perguntando-se a elas como se sentem e, em seguida, dando-lhes uma oportunidade de enfrentar o fato de ter que dar uma resposta."[53] É importante para o desenvolvimento social, emocional e neurológico da criança ter um lugar seguro onde ela possa falar do

---

53 Jack Zimmerman & Virginia Coyle, *The way of council*, Las Vegas, Bramble Books, 1996, p.144.

fundo do coração, sem medo de ser humilhada ou julgada. Infelizmente, nem todas as crianças têm isso. O Dr. Mark Brady, um educador de neurociência social, escreveu sobre o impacto neurológico negativo de não ser livre para falar suas verdades enquanto criança:

> *Mentir é algo que aprendi a fazer bem quando era criança, graças aos meus pais, professores e adultos, que realmente não queriam ouvir a verdade, e que puniam regularmente quem se expusesse de forma nua e crua. Acontece que ouvir gritos ou punições por ter dito a verdade não pode competir com o alívio do estresse e tensão que a mentira oferece naquele momento. Acho que teria sido melhor que tivessem me oferecido um ambiente seguro para dizer verdades duras, e que depois tivessem me ensinado a administrar a adrenalina e o cortisol que muitas vezes são desencadeados em resposta, como Tom Cruise no filme* **Questão de honra** *(A few good men, 1992), que não consegue lidar com tais verdades. Isso exigiria que pais, professores e outros se tornassem hábeis em lidar com sua própria reatividade emocional, é claro. Qual é a probabilidade disso ocorrer?*[54]

Mais uma vez, os comentários de Brady e Nolan destacam que é fundamental para quem deseja ensinar a atenção plena para crianças ter uma prática pessoal estabelecida, ser hábil na gestão da sua própria reatividade emocional e permanecer estável diante da reatividade emocional das crianças.

Ao definir o tom para um círculo de atenção plena, é importante ter em mente que seu papel enquanto facilitador não é o de oferecer conselhos ou resoluções, mas o de ajudar as crianças a compreenderem sua própria experiência o máximo possível, de

---

54 Mark Brody, "*Food-rehabbing my big fat brain*", *The Committed Parent*, postado em 2 de ago. de 2009, disponível em: http://committedparent.wordpress.com/2009/08/02/foodrehabbing-my-bigfat-brain/.

dentro para fora. Essa pode ser uma posição desafiadora de se tomar quando o que queremos nada mais é que consertar a situação e fazer as crianças pararem de sofrer. Nós inclusive lembramos aos nossos alunos que dar conselhos também não é o papel deles. Todos – crianças, adolescentes e adultos – são desafiados a trazerem a mesma qualidade de atenção, gentileza e testemunho ao círculo de atenção plena que eles trazem para a prática da meditação.

Nos círculos de atenção plena, lembro a todos que cada momento é uma oportunidade de observar suas próprias mentes, mesmo que não seja a sua vez de falar. Em vez de ficarem enredadas em um ensaio mental do que pretendem dizer antes de a sua vez chegar ou silenciosamente refazerem o que disseram quando tiveram oportunidade, esses são momentos para perceber como suas mentes reagem ao ouvir as histórias de outras pessoas e também a fazer o relato da sua.

Sentados em círculo, falar sua verdade e contar sua história pode ser algo profundo. Mais de uma vez, testemunhei uma criança revelar timidamente seu mais profundo e escuro segredo – ao qual ela tinha se agarrado e temia revelar por medo do que ele diz sobre ela mesma –, para então ouvir outra criança no círculo dizer: "Ah, eu me senti assim também." O alívio que as crianças sentem quando partilham suas histórias e quando outras crianças empatizam com elas pode ser liberador para elas e inspirador para o resto de nós.

Ações têm consequências

Sentar-se em um círculo e falar com os jovens é uma boa oportunidade para reforçar o fato de que ações têm consequências. Essa verdade simples e direta é conhecida, na linguagem da atenção plena, como a lei do carma. A maioria das crianças e adolescentes têm uma compreensão prática do carma, que é contrária à dos praticantes contemplativos. Eles entendem que as palavras hostis que usam para descrever alguém, ou as malandragens que usam ao estudar para uma prova ou escrever um trabalho de pesquisa, muito provavelmente voltarão para assombrá-los. Eles também entendem que, por vezes, as consequências de uma ação ou uma série de eventos não são previsíveis. Uma história clássica de um fazendeiro e seu filho ilustra lindamente esse ponto.

FÁBULA: O FAZENDEIRO E SEU FILHO

Era uma vez um velho homem que vivia com seu filho em uma fazenda perto de uma pequena aldeia. Certo dia, o cavalo do fazendeiro fugiu. Os vizinhos vieram visitá-lo e disseram que lastimavam sua má sorte. O fazendeiro, um homem de poucas palavras, disse: "Vamos ver."

E eis que no dia seguinte o cavalo chegou em casa e trouxe consigo dois belos cavalos selvagens. Quando os vizinhos ouviram sobre os cavalos selvagens, foram novamente à fazenda e disseram ao fazendeiro: "Que maravilha!" Ele, mais uma vez, respondeu: "Vamos ver."

No dia seguinte, o filho do fazendeiro foi jogado ao chão enquanto montava um dos cavalos selvagens e quebrou a perna. Os vizinhos voltaram para expressar sua solidariedade e, novamente, o fazendeiro respondeu: "Vamos ver."

No dia seguinte, oficiais militares chegaram à pequena aldeia e convocaram todos os jovens das fazendas vizinhas para o exército, exceto o filho do fazendeiro, que estava com a perna quebrada. Quando os vizinhos parabenizaram o agricultor pela forma como as coisas tinham se saído com seu filho, eles se depararam com uma resposta familiar: "Vamos ver."

Cada ação de corpo, fala e mente tem o poder de trazer resultados, tanto grandes quanto pequenos. As crianças não podem controlar todas as consequências resultantes de suas ações, e há momentos em que crianças (e adultos) machucam outras pessoas de forma imprevisível. Mas as crianças podem se esforçar para entender melhor por que elas agem de determinada maneira. Se sua motivação para agir é mesquinha, e elas reconhecem isso antes de agir, elas têm a oportunidade de mudar a marcha de seus atos. Em sua série em áudio sobre as aplicações da atenção plena,[55] o professor de meditação Joseph Goldstein dá ênfase ao momento "prestes a acontecer", ou o momento em que a intenção de agir está definida. As crianças relatam ter uma sensação estranha durante a fração de segundo imediatamente anterior a um ato que mais tarde gostariam de não ter realizado, talvez um aperto no peito ou um vazio no estômago. Aquela sensação ocorre no momento "prestes a acontecer". Ao perceber tais sentimentos, as crianças podem fazer uma pausa antes de agir e se perguntar: "Por que eu estou *escolhendo* fazer isso? Como isso me faz *sentir*? Minha *motivação* é amigável ou hostil?" Se, após uma reflexão, a ação não parece boa, elas podem optar por agir de uma forma diferente.

Não é incomum que as crianças sintam-se culpadas ao perceberem que suas motivações nem sempre são puras. Essa é uma das muitas vezes em que o apoio mútuo de um círculo de atenção plena pode ser reconfortante para elas. Em uma atmosfera de bondade e compaixão, as crianças podem lembrar umas às outras que todos têm sentimentos negativos e que, às vezes, é perfeitamente normal cometer deslizes. E podemos aprender a agir cada vez menos influenciados por eles através do apoio e incentivo de amigos e familiares no círculo de atenção plena.

Caráter pessoal, intelecto e personalidade são desenvolvidos em um processo fluido através de repetidas ações, grandes e pequenas. Independentemente de quanto talento musical uma criança tenha, o desenvolvimento desse talento exige prática. O mesmo acontece com o cultivo de valores positivos pessoais e sociais. A verdadeira natureza de uma criança é gentil, compassiva e paciente, e praticar essas qualidades positivas irá torná-la mais forte. Quando as crianças

---

[55] Joseph Goldstein, *Abiding in mindfulness*, áudio, Louisville (Colorado), Sounds True, 2007.

são gentis com seus amigos, estão praticando bondade; quando são pacientes enquanto esperam sua vez, estão praticando a paciência; quando dizem a verdade, estão praticando a honestidade. O momento "prestes a acontecer" imediatamente antes das crianças agirem é a oportunidade que têm de reconhecer a qualidade que estão praticando e questionarem se ela as ajudará a se tornarem as pessoas que gostariam de ser: essas qualidades são as que irão provavelmente conduzi-las à felicidade? Essa é a essência do desenvolvimento do caráter.

Antídotos para a tristeza

Meu pai morreu na sexta-feira anterior ao dia de Ação de Graças. No dia seguinte, Seth, Allegra, Gabe e eu voamos de Los Angeles, onde morávamos, até a casa do meu pai na Península Inferior de Michigan, para o velório no domingo, para comparecer à cerimônia fúnebre na segunda e ao enterro na terça-feira à tarde. O cemitério ficava a mais de 965 quilômetros da igreja, de forma que, logo após a cerimônia, enchemos o tanque do carro e dirigimos durante onze horas até a Península Superior de Michigan. Temi fazer esse trajeto minha vida adulta inteira.

Meu pai tinha comprado uma minivan antes de sua saúde decair, para que pudesse levar os netos para acampar. Ele não chegou a fazer essas viagens, mas, naquele dia, comendo sanduíches e cantando as canções favoritas do meu pai, eu estava grata por ter a van, porque nela fizemos uma viagem muito confortável. Durante a longa viagem, nós choramos e rimos juntos, e eu me senti grata por, já que meu pai precisava partir, ele o ter feito pouco antes de um feriado – assim as crianças não ficariam muito tempo fora da escola, e Seth e eu não ficaríamos muito tempo afastados do trabalho. Meu pai era um engenheiro de estradas e tinha a ética profissional mais extraordinária entre todas as pessoas que já conheci. Não pude deixar de imaginar que ele tinha planejado sua morte para que fosse em um momento conveniente. Sentia-me grata pela ética profissional e pragmatismo que ele havia incutido em mim.

Na manhã seguinte, aconteceu a cerimônia de sepultamento, e o pastor, que eu não conhecia, rezou conosco pelo meu pai. Contudo, em vez de ser tomada por lágrimas, eu me peguei segurando o riso enquanto o pastor chamava-nos repetidamente pelos nomes errados e falava as palavras "obrigado, Senhor" em uma cadência arrítmica. Mordendo meus lábios para não rir, via que Seth também estava prendendo o riso. Torci para que aquele simpático pastor pensasse que estávamos chorando em vez de rindo.

Exaustos, saímos em direção ao cemitério quando a neve começou a cair. Uma dúzia de estranhos tinham formado uma guarda de honra militar para meu pai, que era um veterano da Segunda Guerra Mundial. Enquanto a cerimônia progredia, o tempo piorou e, quando a guarda de honra militar e o pelotão de fuzilamento começaram seus tributos, a neve caía tão forte que eu mal podia enxergar. Mas eu podia ouvi-los disparar rajadas sobre o túmulo do meu pai enquanto aqueles *bangs* soavam à distância. Eu estava grata por esses patriotas – que jamais tínhamos visto antes e que provavelmente não encontraremos de novo – que saíram em uma tarde fria e úmida de feriado para homenagear meu pai.

Meu pai morreu depois de uma longa luta contra o Mal de Parkinson. Pouco antes do falecimento, sua qualidade de vida não era muito boa, então muitas pessoas me disseram que foi uma bênção ele ter falecido. Elas me disseram que eu deveria estar aliviada, mas, embora eu saiba que elas tinham boas intenções, suas condolências não estavam me ajudando ou ajudando a minha família. Contudo, suas ações estavam. Foi difícil sentir algo além de profunda tristeza, mas a gratidão tomou conta de mim durante os pequenos momentos de conexão com a minha família e com aqueles que nos apoiavam. Através de diferentes formas e diferentes perspectivas, as pessoas encontravam um vislumbre de liberdade psicológica, valorizando os pequenos momentos de felicidade durante todo o dia.

Há alguns anos, uma das minhas professoras de meditação, Yvonne Rand, me ensinou uma prática de atenção plena para aliviar a tristeza. Ela ajuda as pessoas a enxergarem sua experiência de vida mais como um copo meio cheio do que como um copo meio vazio. Até hoje faço essa prática por conta própria e com as crianças. Quando algo ruim acontece ou quando eu me sinto um lixo, a prática é reconhecer isso imediatamente ("Essa máquina de lavar louça quebrada é uma completa chatice") e, em seguida, rapidamente dar graças por três coisas. Quaisquer três coisas. A chave para essa prática está em seu imediatismo. Não analiso o que me deixaria satisfeito ou o que me deveria me deixar feliz, apenas digo obrigado para as três primeiras coisas que vierem à minha mente. Agora mesmo, enquanto escrevo, estou grata por Seth, que está dormindo no sofá na sala de estar, e também pelas rosas que estão florescendo no quintal, e pelo fato de que Gabe realmente gosta de seu novo papel na peça da escola. E, como não posso em sã consciência excluir Allegra de qualquer lista de coisas que me fazem feliz, vou adicionar uma quarta: sou profundamente grata pelos seus conselhos sábios a respeito do meu guarda-roupa. A noção de estilo da minha filha é muito mais refinada do que a minha jamais foi ou será.

Ser grato por três coisas é algo pequeno a se fazer, mas pode ter benefícios emocionais e de saúde significativos. Algumas experiências demonstraram que o reconhecimento de que as coisas poderiam ser piores pode tornar alguém mais satisfeito com a forma como as coisas estão. Em seu livro *A arte da felicidade*, Sua Santidade o Dalai Lama e o Dr. Howard C. Cutler citam um estudo da Universidade de Wisconsin Milwaukee, onde os participantes foram convidados a avaliar a qualidade de suas vidas antes e depois de verem fotos que mostravam duras condições de vida. Como era de se esperar, os participantes sentiram-se mais satisfeitos após ver as fotos.[56] O objetivo dessas práticas não é fazer lavagem cerebral em si mesmo para acreditar que as dificuldades da vida não são importantes ou não existem, mas dar o peso adequado tanto para o agradável quanto para o desagradável. Essa prática é bastante superficial

---

[56] Sua Santidade o Dalai Lama & Howard C. Cutler, *A arte da felicidade: Um manual para a vida*, São Paulo, Martins Fontes, 2000, p.17.

entre as de atenção plena que cultivam emoções positivas, mas não é um mau começo, especialmente ao praticá-la com crianças.

Outra prática clássica que é um antídoto para a tristeza é a de refletir sobre a sequência de eventos afortunados que levaram ao seu nascimento. Essa prática pode ser um pouco inebriante para as crianças e, no caso dos adolescentes, o fato de pedir para que eles reflitam sobre as circunstâncias que levaram ao seu nascimento pode não levar ao tipo de discussão que esperamos ter, mas a reflexão pode ser guiada de maneira a ser significativa para crianças de todas as idades. É semelhante a fazer, antes das refeições, uma oração de agradecimento, que considera a jornada da comida até a mesa, e reconhece todas as pessoas, lugares e coisas que estiveram envolvidos. Refletir sobre esses detalhes, como refletir sobre o ciclo de eventos que levaram à leitura deste livro, torna mais concreta a ideia um tanto abstrata de nos *sentirmos gratos por algo*. Essa prática também lembra às crianças que cada um de nós está ligado a muitas, muitas pessoas, lugares e coisas de maneiras que nem sempre são óbvias.

Dizer obrigado e escrever notas de agradecimento são práticas significativas através das quais as crianças podem ver o impacto positivo de atos simples de bondade para outras pessoas e para si mesmos. Você pode pedir a seus filhos para escreverem bilhetes ou enviarem um presente para alguém que tenha sido bondoso com eles no passado. Talvez o presente contenha uma carta, desenhos, fotografias, colagens, guloseimas, ou o que quer que seus filhos gostem de fazer e que represente uma expressão genuína de gratidão. Eles podem despachá-lo ou entregar o pacote em mãos e experimentar como é bom fazer alguém mais feliz com um simples ato de bondade.

É fantástico para as crianças agradarem alguém de forma voluntária, mas elas também podem fazer a diferença na vida de outras pessoas sem nem sequer tentar fazê-lo. Certa vez, dei aulas em uma escola que tinha uma área gramada cercada por uma calçada. Era um lugar perfeito para a prática da Caminhada Lenta e Silenciosa. Certa manhã, enquanto as crianças e eu andávamos no gramado, notei uma freira aposentada vestida com um hábito antiquado andando na calçada em volta do gramado. Eu não via uma freira vestindo um hábito daqueles desde que vivia no Centro-Oeste, mas lembrei que algumas freiras aposentadas viviam ao lado da escola. Na semana seguinte, a freira andava por ali novamente, dessa vez com uma amiga. Eles estavam praticando sua própria meditação andando na calçada, assim como nós praticávamos a Caminhada Lenta e Silenciosa na grama. Sua presença reforçou nosso senso de comunidade, ainda que cada um de nós andássemos separados. Caminhando em volta do gramado, eles delimitavam o espaço para nós, que andávamos na parte de dentro do gramado. Mais tarde, uma das freiras me disse que elas aguardavam ansiosamente durante toda a semana por essa meditação andando com as crianças. Dedicar um tempo junto às crianças as libertava da sua rotina cotidiana e era uma pausa bem-vinda.

Enfatize o positivo

Gosto de uma música de Johnny Mercer, que ele compôs juntamente com Harold Arlen, chamada "Accentuate the positive" ("Enfatize o positivo"). A letra é assim: *você tem que enfatizar o positivo, eliminar o negativo*[57].

Não havia nenhuma pesquisa científica sobre a psicologia positiva na época, mas Mercer e Arlen intuitivamente sabiam que focar nas coisas boas da vida poderia ajudar as pessoas a mudarem de uma mentalidade negativa para uma positiva. Há muitas maneiras de enfatizar o positivo, mas um jeito divertido e colorido é decorar sua casa ou sala de aula com correntes feitas de papel contendo desejos de amizade e gratidão, ou pedir às crianças para confeccioná-las e depois oferecê-las como presentes.

"Correntes" de desejos bondosos e de gratidão são fáceis de fazer, mesmo para crianças em idade pré-escolar. Tudo o que você precisa é de papel colorido, cola, tesoura e um lápis, caneta ou marcador. Primeiro, corte tiras de papel e coloque-as em uma cesta.

---

57 *You've got to accentuate the positive, eliminate the negative.*

Em seguida, peça às crianças para escreverem um desejo bondoso ou algo pelo qual elas são gratas em uma ou mais tiras coloridas de papel. Se elas ainda não puderem escrever por conta própria, você pode escrever os desejos para elas, que podem decorar as tiras de papel com adesivos, glitter ou marcadores. Cada tira de papel é um elo na corrente de desejos bondosos ou de gratidão. Una os elos com um bastão de cola e você terá uma corrente colorida para pendurar em portas e janelas e decorar sua casa ou sala de aula.

Você pode fazer uma corrente de desejos bondosos ou de gratidão em apenas uma sessão ou em um período maior de tempo. Você pode igualmente personalizá-las para outras pessoas. Quem sabe seus filhos não gostariam de escrever desejos a seus avós e enviar uma corrente de desejos bondosos para eles.

Eliminar o negativo

O outro lado de enfatizar o positivo é eliminar o negativo. Uma maneira interessante de fazê-lo com crianças maiores, adolescentes e adultos é escrever em tiras de papel as qualidades negativas das quais gostaria de se livrar e queimá-las na lareira.

Nossa família tem um ritual de véspera de Ano Novo que consiste em queimar todas as qualidades negativas que gostaríamos de não possuir. Acendemos um grande fogo em nossa lareira, pegamos alguns papeis e lápis, e todo mundo escreve em pedaços de papel as qualidades negativas que atravancaram nosso caminho de felicidade durante o ano que está acabando. Como orgulho, frustração, raiva, impaciência ou qualquer outra coisa. Então, colocamos todos os pedaços de papel em uma cesta em cima da mesa. Um a um, nos revezamos tirando um pedaço de papel do cesto, lendo-o em voz alta e arremessando-o no fogo. É comum a mesma qualidade aparecer na cesta repetidas vezes, pois não apenas um de nós quer se livrar dela. É ótimo começar cada novo ano definindo a intenção de nos purificarmos das qualidades, estados mentais e emoções negativas, e sabendo que temos o apoio das pessoas mais próximas.

8

Sintonizar-se com outras pessoas: crie sintonia entre pais e filhos

Eu gostaria de fazer minha avó feliz.
Eu gostaria de me dar bem com meus familiares.
Eu gostaria de ser cuidada.
Eu gostaria de ser feliz comigo mesma.
Que os meus desejos se realizem.

Aluno do ensino médio

Crianças com o hábito de pensar fora da caixa podem ser mais desafiadoras na hora de educar, mas elas também podem ser as mais recompensadoras. Grandes pensadores, como Madame Curie, Einstein e Picasso, foram crianças que pensaram um pouco diferente. Galileu provavelmente não era o aluno mais fácil para se ensinar ciências no quarto ano.

Veja esta história: um aluno do quarto ano de uma escola progressista estava na aula de arte com uma professora substituta. As crianças da turma estavam pintando com aquarelas e esse rapaz estava feliz pintando à distância, até que a professora olhou para seu trabalho e disse que ele estava "usando muito verde". Isso me faz lembrar da cena do filme *Amadeus* (1984), no qual o imperador ouve uma composição de Mozart pela primeira vez e proclama: "Muitas notas!" Devidamente reprimido, o jovem artista terminou a pintura excessivamente verde e a turma reuniu-se para discutir os resultados do dia. A professora levantou a pintura de um dos colegas do garoto, que tinha uma figura humana com as mãos no ar. Ela perguntou às crianças o que achavam que a pessoa na pintura estava pegando. Uma criança disse "o céu", outro disse "as estrelas" e outro disse que a figura estava tentando alcançar seus sonhos. Mas o menino que pintou com muito verde disse: "Ele está tentando pegar um sanduíche." Todas as crianças riram e a professora substituta mandou o menino para a sala do diretor. O menino foi até lá preocupado com o sermão que estava por vir, mas o diretor da escola, fiel à missão da educação progressiva, tomou o lado do jovem artista que tinha usado muito verde. Por que a figura não poderia estar pegando um sanduíche?

O céu, as estrelas e os sonhos são clichês nesse contexto. O menino que disse que a figura estava tentando pegar um sanduíche falou algo que poderia ser verdade (e, já que essa era a forma como ele enxergava, certamente era verdade para ele) e também teve a virtude da completa originalidade. Esse menino pensou fora da caixa e a reação totalmente inadequada da professora substituta foi a de ficar irritada.

Um garoto como esse pode ser um desafio para educar ou ensinar, mas também pode ajudar seus pais e professores a verem as coisas de uma nova maneira.

Muitas vezes, pensadores como esse menino têm habilidades notáveis para ver experiências de forma mais clara, e é maravilhoso quando eles se sentem confortáveis o suficiente para falar o que veem. Mas isso não significa que sua perspectiva está sempre de acordo com o que seus familiares veem ou com a perspectiva de seus professores, treinadores, chefes ou outras figuras de autoridade. Nem sempre é fácil perceber claramente que alguém – especialmente uma figura de autoridade – não entende você. Também não é fácil entender que o fato de as pessoas não o compreenderem não significa que elas não gostem de você. No entanto, perceber que nem todas as pessoas têm a capacidade de ver o mundo como você é uma habilidade de vida especialmente importante para pensadores fora da caixa. E é também crucial para seus pais, professores e outros adultos com quem convivem. Os pensadores fora da caixa são minhas crianças favoritas, mas eu seria desonesta se dissesse que elas não me deixam irritada às vezes. Mesmo sendo engraçadas, criativas e talentosas, há momentos em que é difícil ver essas crianças e adolescentes de maneira lúcida. Mas mesmo quando eles são difíceis, se você é capaz de vê-los claramente e amá-los como são, seu amor pode se transformar em compaixão. E a compaixão torna tudo muito mais fácil.

Praticar a atenção plena à respiração pode ajudar os pais a verem seus próprios filhos objetivamente, mesmo quando isso não é fácil. A sequência clássica orienta os profissionais a observarem, primeiramente, sua própria respiração, corpo e mente antes de se voltarem para as práticas de observar outras pessoas e suas manifestações exteriores de corpo e mente. A chave para a prática clássica é aprender a observar tanto a experiência interior quanto a exterior, sem misturar as duas. Na dinâmica familiar, há momentos em que é desafiador permanecer emocionalmente estável e ter certo distanciamento dos filhos. Ao praticar a consciência da respiração no meio de situações desafiadoras, os pais podem estabelecer uma mentalidade aberta e não reativa antes de avaliar e lidar com elas.

Isso é coerente com a visão moderna de que para estar totalmente presente e em sintonia com seus filhos, os pais devem primeiro estar totalmente presentes e em sintonia consigo próprios. Ao conectar ideias antigas de formação clássica com ideias modernas da neurobiologia interpessoal, o psiquiatra infantil Dr. Daniel Siegel sugere que a consciência plena é uma forma de sintonia interior e exterior, um processo através do qual formamos relacionamentos com os outros e conosco. "Quando concentramos nossa atenção de maneiras específicas, estamos ativando circuitos do cérebro. Essa ativação pode reforçar as ligações sinápticas nessas áreas [do cérebro]. Explorar a noção de que a consciência é uma forma de relacionamento com você mesmo pode envolver não apenas os circuitos da atenção, mas também os circuitos sociais..."

Sintonizando

Quando pais concentram sua atenção sobre o mundo interior dos filhos, eles estão desenvolvendo um relacionamento mais sintonizado com eles. A sintonia entre pais e filhos, entre o eu e o outro, é o caminho fundamental para que a atividade cerebral dos pais possa influenciar diretamente a atividade cerebral dos filhos. O Dr. Siegel tem um interesse na atenção plena e em sua relação com a neurobiologia da sintonia do relacionamento entre pais e filhos.

Em seu livro *The mindful brain*[58] (*O cérebro atento*, sem tradução no Brasil), ele descreve a sintonia como um método de "corregulação" em que as crianças em desenvolvimento usam o estado mental dos pais para ajudar a organizar o seu próprio estado mental. Ao prestar cuidadosa atenção aos filhos, os pais sintonizados podem, literalmente, ajudar os cérebros dos filhos a se desenvolverem de forma saudável. Siegel explica que quando pais e filhos estão envolvidos em uma relação de sintonia e o estado de espírito dos pais está bem integrado, as mentes destes estimulam uma integração similar nas mentes das crianças.[59]

A prática da atenção plena promove uma afinação com os outros através da observação cuidadosa das manifestações exteriores da experiência emocional e sensorial. Há vários jogos de espelhamento baseados na atenção plena que incentivam a conscientização de outras pessoas de forma divertida e lúdica. A brincadeira "siga o líder", quando feita de forma contrária, é uma das minhas favoritas para usar com pais e filhos.

Siga o líder, mas ao contrário

Era um belo dia de primavera em Santa Mônica, Califórnia, onde trabalhava em um programa para famílias em um parque local. Levamos pais e filhos até um jardim para o jogo "siga o líder", mas dessa vez as regras eram mais desafiadoras do que o normal. Nessa versão, as crianças não sabem que há um jogo em curso e, independente de sua idade, elas são *sempre* os líderes. A ideia é que os pais,

---

58 Daniel J. Siegel, *The mindful brain: reflection and attunement in the cultivation of wellbeing*, Nova York, W. W. Norton, 2007.

59 O trabalho de Dan Siegel é baseado na pesquisa sobre apego e interação de um tipo específico de atividade cerebral conhecida como "neurônios-espelho" (em inglês, *mirror neurons*). Esse tema e o vínculo saudável entre pai, mãe e criança está fora do escopo deste livro, mas é coberto extensivamente em *The developing mind and the mindful brain*, de Siegel.

sem o conhecimento das crianças, simplesmente engajem-se no que quer que as crianças escolham fazer, seguindo qualquer conversa que os filhos comecem, tudo no ritmo das crianças. O plano é que os pais fiquem em completa sintonia com o ritmo, interesse e atividades dos filhos.

Nessa manhã em particular, um pai do tipo A[60] colocou seu sempre presente celular de lado para sentar-se com o filho, que, como o personagem Ferdinando, o Touro, desfrutava da sombra de uma árvore de carvalho e comungava com a grama, enquanto outras crianças corriam e brincavam. O esforço para habitar o mundo de seu filho causou mais estresse nesse pai do que uma reunião de negócios de alto risco. Em seguida, o menino foi em direção a uma pedra, onde havia um caracol que, lenta e progressivamente, andava por toda a superfície pontilhada – uma atividade sobre qual o pai do menino viria a brincar mais tarde, mas que naquele momento parecia projetada especificamente para atormentá-lo. Relutantemente, o pai se levantou, seguiu o filho e agachou-se ao seu lado, para ficar o que pareceram longas horas assistindo aos movimentos do caracol. Do outro lado do parque, uma mãe, que vivia à base de Starbucks e com o nível de cafeína já fraco às dez da manhã, corria de lá para cá seguindo o voo de uma nave espacial imaginária de Star Wars. Outros pais estavam participando de um jogo de tabuleiro com a filha, parados enquanto esperavam o que parecia ser *para sempre*, enquanto ela contemplava seu próximo passo. As inversões de papéis podem trazer algumas descobertas surpreendentes para os pais sobre a natureza de seus filhos, sobre como seus filhos manobram seus mundos e sobre qual a *sensação de ser* quem eles são. E essa prática pode ocasionalmente fazer com que os pais descubram coisas sobre si próprios.

Em geral, o papel dos pais é o domar as mentes e corpos geralmente errantes das crianças e guiá-los através de um labirinto de

---

60 N. do T.: *Type-A*, de *type-A dad*, termo cunhado por cardiologistas norte-americanos da década de 1950 para definir um perfil explosivo e inseguro.

atividades dirigidas a objetivos, ditadas por obrigações escolares, familiares e comunidade – tudo em horários apertados. Deixar de lado esse papel, no qual você é um cruzamento entre um general de exército e um manobrista pessoal, e assumir um papel em que seus filhos estão no controle pode ser difícil, cansativo e chato. "Chato" é uma palavra cujo uso faz muitos de nós nos sentirmos culpados quando estamos em conexão com os nossos filhos. Mas, para ser honesta, seguir o que seu filho faz pode ser muito, muito chato. Ao usar as ferramentas de atenção plena, podemos transformar esses momentos ocasionalmente frustrantes e maçantes em uma experiência totalmente diferente, quem sabe interessante e extremamente gratificante.

O jogo que estávamos fazendo no parque é, em essência, uma prática desenvolvida pelo psiquiatra infantil Dr. Stanley Greenspan, chamada de a "Hora do Chão" e que apoia o desenvolvimento emocional das crianças. Em seu livro *Playground politics* ("Política do parquinho", tradução literal), Greenspan escreve que o objetivo da prática é entrar em sintonia com o mundo dos filhos através de uma brincadeira e de uma conversa espontânea e não estruturada, a fim de interagir nos termos das crianças. Greenspan escreve:

> *A ideia por trás da Hora do Chão é construir uma relação calorosa de confiança na qual o compartilhamento da atenção, interação e comunicação está ocorrendo nos termos do seu filho. A Hora do Chão é a maneira mais eficaz que encontrei para atingir esse objetivo. Quando essa relação calorosa e de confiança começar a florescer, você estará preparando o terreno para combater todos os desafios que seu filho enfrenta.*[61]

A Hora do Chão vai além de ter momentos de qualidade com seu filho, já que são as crianças, não os pais, que determinam a

---

[61] Stanley I. Greenspan, *Playground politics: understanding the emotional life of the school age child*, Nova York, Perseus Books, 1994, p.26.

direção da brincadeira ou conversa, ajudando a facilitar o desenvolvimento de uma relação afinada entre pai e filho.

A Hora do Chão de Greenspan e jogos como o "siga o líder" feito ao contrário oferecem aos pais a oportunidade de assistir à atividade de sua própria mente enquanto estão envolvidos em uma – às vezes desconfortável, às vezes encantadora – inversão de papéis com as crianças. O trabalho de Siegel, relacionando a prática da consciência plena com a teoria da sintonia, destaca a ligação entre as atividades de espelhamento e uma relação mais sintonizada tanto entre pais e filhos (sintonia interpessoal), como dos pais e mães com eles mesmos (sintonia intrapessoal).[62]

Observar crianças se espelharem entre si oferece aos pais e professores um bom conhecimento dos pequenos e de suas dinâmicas interpessoais. Com isso, os pais podem ter uma noção de como as crianças vivem em seus corpos. Elas estão fisicamente à vontade? Coordenadas? São capazes de controlar bem seus corpos? Uma vez que geralmente exigem trabalho em equipe, jogos de espelhamento também são uma oportunidade para os adultos observarem a dinâmica do grupo como um todo. Quem tende a liderar? Quem tende a seguir? Quão cooperativos são os alunos uns com os outros? Há uma ou mais crianças que são muitas vezes deixadas de fora? O "imite o movimento de outra pessoa" é um jogo que, de maneira rápida e alegre, comunica uma grande quantidade de informações para pais ou professores sobre seus filhos/alunos.

IMITE O MOVIMENTO DE OUTRA PESSOA

Para me preparar para este jogo, escolho um lugar separado para que as crianças coloquem seus sapatos e não tropecem neles quando começarem a se movimentar. Quando todo mundo já tirou os

---

[62] Daniel J. Siegel, *The mindful brain: reflection and attunement in the cultivation of wellbeing*, Nova York, W. W. Norton, 2007, p.697.

sapatos e os colocou no devido lugar, peço para que as crianças formem um círculo e escolham um líder. O objetivo é que o líder ande de forma lúdica e criativa ao redor do círculo, e que os outros "experimentem" ou imitem seu movimento e sigam adiante. Enquanto as crianças desfilam ao redor do círculo pulando, dançando ou saltando, bata em um ritmo no tambor que seja similar em tom e que traga a sensação da maneira como o líder está se movimentando. Quando é hora de outro aluno liderar o desfile, você pode sinalizar a mudança batendo o tambor uma vez e em volume relativamente alto. Quando as crianças ouvirem a deixa, elas devem congelar e parar de se mover, esperando para ver quem será o próximo líder, a quem você escolherá tocando-o na cabeça ou no ombro. O novo líder começa a se mover ao redor do círculo da forma que desejar. Essa sequência se repete até que todos tenham tido a oportunidade de liderar.

Reflexões sobre a prática

Para que outras pessoas levem consciência para suas experiências, pego emprestado elementos da teoria do movimento da dança e de jogos teatrais. Tecer esses elementos junto com a prática da atenção plena produziu algumas das atividades favoritas dos meus alunos.

CASA DE ESPELHOS

Neste jogo, as crianças escolhem um parceiro e cada par escolhe um líder para a primeira rodada. Elas ficam de pé ou sentam-se de frente uma para a outra com as mãos na altura do peito, palmas voltadas para as palmas do seu parceiro. O líder se move lentamente e o parceiro imita o movimento. Ambos os participantes tentam manter as palmas das mãos o mais unidas e alinhadas possível, mas sem tocá-las. Isso permite que experimentem mover-se junto com a outra pessoa. Em seguida, as crianças trocam de papéis e repetem a atividade. Uma maneira divertida de modificar o jogo é cada par ter a sua vez no centro do círculo, enquanto aqueles que estão assistindo tentam adivinhar quem é o líder. Uma terceira modificação é que as crianças formem um círculo, fiquem voltadas para o centro e em seguida escolham uma criança para liderar, enquanto o restante do grupo imita o movimento do líder.

A ONDA

Quando eu dava aulas para o primeiro e terceiro ano na *Toluca Lake Elementary School*, Annaka Harris adaptou a clássica onda feita em estádios, a chamada "hola", para um exercício de espelhamento consciente. Com as crianças sentadas em círculo, o líder se levanta e ergue as mãos acima da cabeça. Conforme ele abaixa os braços e se senta, a próxima criança pega a deixa para continuar a onda de pé, levantando as mãos acima da cabeça. Conforme outra criança abaixa seus braços e começa a se sentar, a vizinha pega a deixa para ficar de pé e fazer a "hola", até que a onda passe por todo o círculo, uma vez, duas vezes, talvez três vezes, tudo sem ninguém dizer uma palavra.

REPITA A BATIDA

O objeto deste jogo é imitar a batida rítmica de um tambor sem qualquer instrução verbal. O líder cria uma batida simples em um tambor ou bongo e, em seguida, reproduz a mesma batida com as mãos. Sem dizer uma única palavra, o líder faz isso de novo e em pouco tempo as crianças pegam o ritmo e batem palmas juntas. Depois que todo mundo descobriu como entrar no ritmo, o líder passa o tambor para uma das crianças, que bate uma sequência no tambor e é seguido pelo resto do grupo batendo palmas. O tambor é passado para adultos e crianças até que todos tenham tido a oportunidade de liderar. Você pode variar este jogo com qualquer combinação de batida de tambor, batida de mãos ou de pés.

GRANDE E PEQUENO

A especialista em terapia através da dança e do movimento, Dra. Suzi Tortora, desenvolveu um jogo divertido de espelhamento de som em que as crianças imitam o surgimento e a cessação de um som com seus corpos. Todos agacham no chão com o corpo relaxado e encolhido como uma bola. Nessa pose, você espera ouvir o som. Ao ouvi-lo, você imita o som se alongando para o alto conforme aumenta e agacha novamente enquanto o som vai desaparecendo. Você pode adicionar vozes a essa prática de espelhamento, o que eu acho especialmente eficaz quando as crianças se sentem agitadas por estarem dentro de um mesmo ambiente por muito tempo. As crianças gritam e se esticam para o alto quando o som do diapasão surge, e silenciam ao se encolherem novamente em uma posição de agachamento.

JOGO DO PULA PULA

O "jogo do pula pula" integra espelhamento com respiração e consciência plena. De pé, as crianças formam um trenzinho em um círculo, com um aluno atrás do outro. Coloque uma almofada no chão entre cada pessoa do trem. Todo mundo está de pé na postura da montanha – coluna ereta, peito aberto e braços ao longo do corpo – e presta atenção à sensação da respiração. Quando o líder bate o tambor, todo mundo pula por cima da almofada. As instruções são assim: "De pé, respire, foco, pule" (diga isso a cada batida do tambor). Conforme as crianças se tornam mais experientes, o líder pode tornar o jogo progressivamente mais difícil omitindo instruções verbais. Quanto menos instruções, mais rápido o trem se move. Os alertas vão de "de pé, respire, foco, pule" para "respire, foco, pule", de "foco, pule" para "pule" e, finalmente, os alunos são estimulados por uma ou mais batidas consecutivas de tambor. Em pouco tempo, todo mundo está se concentrando e pulando sem avisos verbais. O jogo habilmente estimula a consciência em relação a outras pessoas, pois se um aluno não prestar atenção a outras crianças no trem, ele provavelmente colidirá com a pessoa à sua frente ou a pessoa de trás colidirá com ele.

CHACOALHE-SE

Neste jogo, as crianças chacoalham ao som de um tambor, tentando espelhar o som da batida com o movimento de seus corpos. De pé, na postura da montanha, as crianças ouvem o som do tambor. Quando o líder bate no tambor, as crianças agitam seus corpos, mantendo as solas dos pés no chão, seus corpos relaxados, assim como seus joelhos. As crianças param de se mexer quando a batida cessa. Preste atenção às crianças que têm dificuldade em tolerar o som de uma bateria. Quando estou brincando com crianças muito jovens, começo fazendo com que todos finjam ter cola na parte inferior de seus pés. Em seguida, pisamos forte com nossos pés no chão ("Pise! Pise!") e mexemos nossos joelhos, mantendo as solas dos pés coladas ao chão. Para promover o desenvolvimento do senso de equilíbrio, este jogo pode ser modificado, pedindo às crianças que façam uma pose de equilíbrio quando o som é interrompido, segurando-a pelo maior tempo possível. Poses de equilíbrio variam desde a posição de saci, em um pé só, a de cabeça para baixo apoiando-se com suas mãos, deitado de costas com os pés no ar ou qualquer outra posição que exija estabilidade.

Tome nota

Manter um diário ajuda crianças e adolescentes a se darem conta do que eles tendem a pensar, fazer e dizer, dando-lhes a oportunidade de refletir sobre sua motivação, suas ações e consequências. Um diário pode andar em paralelo com o processo que crianças e adolescentes vivem em um círculo de atenção plena, no qual eles meditam, falam sobre a experiência para melhor compreendê-la e consideram maneiras de aplicar o que aprenderam em situações da vida real. Em um pedaço de papel ou em um diário, as crianças anotam suas impressões depois de meditar, certificando-se de descrever a experiência do ponto de vista de um observador amigável. Em seguida, elas escrevem sobre o que a experiência significou para elas, considerando suas experiências passadas, objetivos futuros e seu senso de certo e errado. Diários de meditação não são destinados a serem uma lição de casa ou outro item na lista já lotada de um adolescente. Muito parecido com sentar-se em um círculo falando com outras crianças depois de meditar, diários são ferramentas que ajudam adolescentes a compreenderem melhor suas experiências, praticando a atenção plena, escrevendo sobre elas e enxergando seu processo no papel. Certifique-se de que seus filhos saibam que os diários deles (ou cadernos, se preferirem) são particulares, que eles não devem ser lidos por você. Porém, para lhe dar uma ideia da aparência de um diário, aqui está um exemplo hipotético.

O que eu notei.	Entendendo o significado	Aprendi algo de valor que eu gostaria de integrar?
Muitas coisas para fazer	Eu sempre adio.	Não adie.
Estou nervoso e preocupado.	Se eu adiar, vou perder a festa.	Quando eu me distraio, paro, respiro e mudo de marcha.
Eu não sei se consigo fazer.	Vou tentar.	Vamos ver.

Relato consciente

O relato consciente formaliza o processo no qual expandimos nosso campo de percepção para incluir nossas experiências e a experiência de outras pessoas sem misturar as duas. Para testemunhar de forma consciente, os pais primeiro observam e anotam sua própria experiência a partir da perspectiva de um observador amigável. Depois de verificar seus próprios pensamentos, emoções e impressões sensoriais, eles se voltam para as crianças e observam as manifestações exteriores das experiências delas, observando não somente o que dizem e fazem, mas também seu tom de voz, expressão facial, linguagem corporal e outros sinais não verbais. Através desse processo, pais e mães aumentam a consciência tanto de si próprios quanto dos processos interiores e exteriores das crianças, ao mesmo tempo servindo como modelos de atenção plena e lançando as bases para relações saudáveis e sintonizadas.

O objetivo em testemunhar é construir a consciência da experiência do momento presente sem reagir a ela de modo automático ou habitual. O primeiro elemento do relato consciente é a auto-observação com a intenção de trazer a consciência de como suas próprias reações à experiência (mesmo as reações sobre as quais você não faz nada a respeito) podem afetar você, seus filhos e outras pessoas. O diário é conduzido pelos três elementos – introspecção, compreensão e aplicação do que você aprende na vida cotidiana –, que são meu foco quando pratico a consciência plena com crianças e famílias. Você pode fazer anotações mentais enquanto assiste seu filho se divertir no parquinho com outras crianças, ou a qualquer momento em que crianças e adolescentes interagem com seus amigos ou outros membros da família. Sugiro que não faça anotações na frente deles, mas depois que tenham ido para a escola ou estejam dormindo e você tenha um tempo para si. Aqui estão algumas perguntas que podem servir como gatilho para seu relato diário. O objetivo é que você escreva diariamente o que lhe salta à vista conforme observa as crianças.

O OBSERVADOR AMIGÁVEL:
- Alguma coisa que as crianças fizeram ou disseram me provocou algo?
- Alguma coisa que elas fizeram ou disseram me fez refletir?
- Como meu corpo se sentiu?
- O que achei?
- Alguma emoção surgiu?
- Eu reagi?

FAZENDO CONEXÕES:
- Existem quaisquer conexões entre o que eu observei e a minha experiência passada?
- Existem quaisquer conexões entre o que eu observei e meus futuros objetivos, aspirações, expectativas ou preocupações?
- Existe algum tema recorrente ou temas que surgem em mim com tal criança ou tal turma?

APLICAÇÕES:
- O que eu faria diferente da próxima vez?
- O que eu gostaria de repetir?

Em seguida, anote o que você observou sobre as ações das crianças, relacionamentos, tons de voz, linguagem corporal e outros sinais verbais ou não verbais. Se você é um professor que trabalha com um grupo, então não precisa fazer um diário sobre cada aluno, mas somente sobre aqueles que se destacaram durante a aula. Aqui estão algumas sugestões para prestar atenção como um observador amigável.

- Sinais não verbais: a criança aparentou calma, inquietude, tédio, engajamento?
- Sinais verbais: a criança disse alguma coisa que chamou sua atenção ou fez sentido para você?
- Relacionamento com os outros?

- Houve algum tema ou possível hábito que surgiu com essa criança?
- Qual é a sua impressão geral das habilidades emocionais sociais da criança?
- Qual é a sua impressão geral das competências de atenção dela?
- Qual é a sua impressão geral da reatividade e do autocontrole dela?
- Qual é a sua impressão geral da capacidade de conexão da criança:
    Com outras crianças?
    Com seu pai/mãe ou professor?
    Com você?
- A criança tem noção do seu corpo no espaço?

Se você é um professor, considere da próxima vez uma dinâmica que trabalhe a turma como um todo, podendo incluir o professor ou outro pai/mãe. Se você é pai/mãe, considere a dinâmica familiar e as dinâmicas entre seu filho e seus amigos. Aqui estão algumas questões a serem consideradas:

- Houve alguma característica dessa turma em especial que fez você refletir?
- Algum tema ou comportamento surgiu repetidamente?
- Qual é a sua impressão geral das habilidades sócio-emocionais da classe?
- Qual é a sua impressão geral das competências de atenção dessa turma?
- Qual é a sua impressão geral da reatividade e dinâmica de grupo da turma?
- Qual é a sua impressão geral da conexão dessa turma:
    Uns com os outros?
    Com você?
    Com o professor e/ou pai/mãe?
- O pai/mãe/professor fez ou disse algo que fez você refletir?
- Algum tema ou comportamento surge repetidamente com esse pai/mãe/professor(a)?
- Qual é a sua impressão geral das habilidades sócio-emocionais do pai/mãe/professor(a)?

- Qual é a sua impressão geral das competências de atenção do pai/mãe/professor(a)?
- Qual é a sua impressão geral da reatividade do pai/mãe/professor(a)?
- Qual é a sua impressão geral do nível de conexão do pai/mãe/professor(a):
  Com os alunos?
  Com você?

Manter um relato diário completo depois de cada aula de atenção plena ou atividade com seu filho leva tempo e, muitas vezes, é irreal. Anotar reflexões conscientes em uma planilha de vez em quando é uma alternativa útil. Aqui está um modelo feito por mim, como exemplo:

O que acontece dentro. Eu	*O que acontece fora.* Ele, ela, eles, elas	*O que acontece dentro e fora.* Eu mais ele, ela, eles e elas
Observação amigável	Observação amigável	Observação amigável
Fazendo conexões	Fazendo conexões	Fazendo conexões
Aplicações	Aplicações	Aplicações

Ao manter um relato diário e preencher as planilhas, tenha em mente o propósito do exercício. É uma maneira de formalizar o processo de trazer a consciência para sua experiência interna e externa. Em outras palavras, é uma forma de ver claramente e entender melhor como você responde às outras pessoas e como responde às relações delas com os outros. Em última análise, o relato consciente é sobre você, a testemunha. Não é sobre o que está sendo testemunhado. Isso pode parecer contraditório em um primeiro momento, mas é um ponto crucial. A menos que a testemunha tenha clareza sobre o propósito da sua prática, o processo de depoimento pode se transformar em um método pelo qual os pais e professores julgam seus filhos e uns aos outros e, em seguida, criam uma lista de tarefas de áreas problemáticas que a testemunha acredita que deva ser abordada. Isso não só é susceptível a se voltar contra a testemunha, caso ela tente usar essas listas para forçar crianças, adolescentes, cônjuges ou parceiros a mudar, como também está em completo desacordo com o objetivo do relato consciente.

Atenção plena juntos: olhando para uma pessoa difícil como se ela já tivesse sido seu filho ou filha

Não importa quão compassivo sejamos, ainda assim haverá pessoas que nos incomodam. Então, como lidar com isso de forma consciente? A abordagem clássica é olhar para todos como se eles tivessem sido nossas mães ou nossos pais. Dentro dessa visão, todos vamos renascer, renascer e renascer até nos tornarmos iluminados. Sob esse ponto de vista, é possível que, em uma de nossas muitas vidas, cada pessoa no mundo tenha sido ao menos uma vez nosso pai ou nossa mãe. Então, quando encontrar alguém que considere difícil, pense nessa pessoa como tendo sido sua mãe ou pai em outra vida. Compaixão e amor podem surgir naturalmente nessa visualização. Ao trabalhar com as crianças que se comportam de maneira difícil, também é útil imaginar que eles são nossos filhos. De alguma forma milagrosa, eles não parecerão menos difíceis, mas você se sentirá mais compassivo.

9

E Pluribus Unum –
de muitos, tornar-se um:
viver como parte
de uma comunidade

Eu gostaria que não houvesse terrorismo.
Que todas as pessoas do Paquistão e do Afeganistão estivessem em segurança.
Que a polícia encontrasse Osama bin Laden.
Eu gostaria que o mundo estivesse cheio de felicidade.
Que houvesse mais escolas para as crianças.
Que todos se importassem com as pessoas no Paquistão e no Afeganistão.

Aluno do ensino médio

A história que contei no capítulo 3 sobre a princesa que vivia sonhando acordada em um reino mágico distante é baseada em uma personagem clássica. No começo, seus professores pensaram que poderiam curá-la desse hábito pedindo-lhe para dar uma palestra.[63] Essa princesa gentil era muito perspicaz. Flutuando em um trono cheio de adornos acima do pátio da Academia da Sabedoria, ela falou para a multidão de moradores e estudantes que se reuniam no gramado. Ela lhes disse que, a fim de tornar o mundo um lugar mais feliz, primeiro temos que imaginar que ele é amoroso e gentil, e então poderemos percorrê-lo com mais facilidade e melhorá-lo.

Alguns estudantes e moradores da cidade não acreditavam que apenas desejar felicidade às pessoas poderia fazer alguma diferença, mas a princesa sonhadora mostrou-lhes que sim.

Quando conduzo oficinas para adultos, às vezes dou aos participantes uma pedra pequena e lisa, do tamanho da palma da mão, e os incentivo a enfeitá-la com palavras e imagens significativas,

---

[63] Para um livro infantil adorável e acessível sobre a vida de Shantideva (no qual baseia-se a história da princesa mágica), ver: Dominique Townsend, *Santideva's way of the bodhisattva*, Nova York, Tibet House, 2009. E para uma tradução maravilhosa de Stephen Batchelor dos ensinamentos de Shantideva, ver: Shantideva, *A guide to the bodhisattva way of life*, Nova Deli, Library of Tibetan Works and Archives, 2007.

que representam as qualidades que acham que os levarão na direção da felicidade, como amor, coragem, compaixão, bondade, alegria, coragem, paciência e equanimidade. Uma vez que suas pedras estejam decoradas, os participantes as usam em jogos e atividades durante todo o dia. Nos intervalos das oficinas, há períodos de introspecção, instrução, discussão e construção comunitária, e, até o final do dia, muitos são surpreendidos com a ligação emocional que desenvolveram com suas pedras, que muitas vezes assumem um significado próprio. Como resultado, às vezes os participantes passam a ter apego às pedras.

Uma boa parte da tarde dessas oficinas se passa em silêncio, praticando a introspecção enquanto estamos sentados, andando e deitados. O último pedaço da tarde é dedicado à conversa, parte da qual gira em torno de uma prática de generosidade, que aponta para qual é a sensação de dar e receber.

Algo que aconteceu em uma das oficinas reforçou o valor profundo dessa prática. Após o almoço, em um dia quente de verão, pouco antes de fazermos a prática do silêncio, sugerimos que todos considerassem dar suas pedras a outras pessoas durante aquela sessão de silêncio. Asseguramos-nos de que os participantes sentissem que não estavam sob pressão alguma para dar as pedras nem tampouco que precisavam aceitar a oferta de outra pessoa. Em silêncio, poderiam trocar suas pedras quantas vezes tivessem a inspiração para fazê-lo ou, se não desejassem, poderiam não participar.

Sentamos-nos dentro da sala em silêncio e depois praticamos a Caminhada Lenta e Silenciosa na grama, ao ar livre. Pouco antes do sino soar sinalizando que era hora de voltar para dentro, vi um dos participantes sentados em uma cadeira no corredor. Senti que ele estava refletindo sobre uma experiência ou emoção difícil, ou ambas as coisas, e senti vontade de lhe dar minha pedra-foco. Não querendo perturbar sua introspecção, coloquei minha pedra no chão, na frente de sua cadeira, e me afastei. Não fiquei tempo suficiente para ele me dar sua pedra em troca. O sino tocou e então era hora de começar a sessão de perguntas e respostas e falar sobre a prática de dar e receber. Alguns participantes acharam fácil dar suas pedras, outros acharam mais difícil, mas todos os que se expressaram acharam a prática significativa. Os participantes foram surpreendidos com as muitas emoções que surgiram quando consideraram dar aquela pedra aparentemente sem muito significado. Em seguida, o homem para quem dei a minha pedra levantou a mão.

Ele nos contou que havia pensado muito antes de escolher a palavra *amor* para escrever em sua pedra. Ao longo da oficina, refletira bastante sobre amor e traição, e sobre alguém que havia recentemente partido seu coração de uma maneira profundamente perturbadora. A pedra assumiu um significado que ele não havia previsto, assim como a palavra que escreveu sobre ela. Por isso, o homem ficou surpreso quando sugeri que desse a pedra para alguém. Durante o período de silêncio, outros lhe ofereceram pedras, mas ele não as aceitou. Queria ficar com a sua. Recusar essas ofertas de amizade o deixou desconfortável, então ele foi para o corredor, longe de todas as pessoas, para evitar uma situação embaraçosa. Foi aí que eu apareci. Ele disse ao grupo que, quando me viu, agarrou sua pedra e não sabia o que fazer, pois não queria dar a sua e estava preocupado com minha reação caso recusasse minha doação. Enquanto o homem refletia sobre esses sentimentos, eu apareci, dei a ele minha pedra e fui para a sala sem a mínima ideia do que estava passando por sua cabeça.

Depois da oficina, conversávamos em grupo, inclusive o homem com dificuldades com amor e traição. No meio da conversa, outra participante veio até o homem da pedra *amor* e a pediu a ele. Ele se encolheu. Eu me preocupei pensando que esse poderia não ser o movimento mais hábil por parte da outra participante, mas segurei minha língua, pois não queria interferir na situação. O homem enfiou a mão no bolso, pegou a pedra e entregou-a para a outra participante. Em troca, ela lhe deu sua pedra, onde também havia escrito *amor*.

Cerca de um ano depois, o mesmo homem participou de uma outra oficina que eu conduzia. Fiquei encantada ao vê-lo e perguntei como estavam as coisas. Ele me disse que a troca de pedras tinha dado uma virada em sua vida e que ele a mantém sobre seu criado-mudo, ao lado da cama.

Quando desejos tornam-se realidade

Há muito tempo, aqueles que ajudam crianças a lidarem com a dor crônica sabem que simplesmente desejar ou imaginar que você está feliz, bem, seguro ou em paz pode fazer diferença. A imaginação guiada permite que crianças mudem sua atenção para longe de sua história de vida real (e, por vezes, dolorosa) para um imaginário com um final feliz. Ao usar a parte do cérebro que cria retratos ou imagens mentais, você pode fazer com que a dor das crianças se altere. A dor pode não desaparecer completamente, mas de acordo com o que vemos consistentemente em outras aplicações da atenção plena, pode ficar em segundo plano. Em seu livro *Conquering your child's chronic pain* ("Conquistando a dor crônica de seu filho", sem publicação no Brasil), a Dra. Lonnie Zeltzer, pediatra que lidera a clínica de dor pediátrica na UCLA, explica que o efeito da imaginação guiada e a auto-hipnose é semelhante ao efeito prático de fármacos como a morfina ou outros opioides prescritos para tratar a dor.[64] Quando usada com pacientes que lutam contra a dor crônica, a imaginação guiada é uma aplicação clínica da contação de histórias.

A contação de histórias pode ser utilizada de forma bastante eficaz ao praticar a atenção plena com crianças. Há histórias que transcendem tempo, lugar, idioma e cultura. Quando bem contados, esses contos servem para modelar qualidades sociais positivas, que levam a relacionamentos saudáveis, liberdade psicológica e felicidade. Ao praticar com seus filhos, lembre-se de trazer fábulas e histórias de sua

---

[64] Lonnie K. Zeltzer & Christina Blackett Schlank, *Conquering your child's chronic pain: a pediatrician's guide for reclaiming a normal childhood*, Nova York, Collins, 2005, p.221.

própria infância, e de também inventar as suas. Este é um exemplo de uma história que eu conto inspirada em um conto de atenção plena clássica:

O BARQUEIRO E OS SEIS BARCOS

Certa vez, ouvi falar sobre um barqueiro que navegou e levou viajantes por um conjunto de corredeiras perigosas e conturbadas, de uma margem a outra, para que pudessem olhar através de um raríssimo telescópio. Através da lente desse telescópio extraordinário, as pessoas poderiam ver o universo inteiro com uma clareza pura. Poucos eram valentes o suficiente para aceitar esse passeio selvagem no rio, mas aqueles que foram nunca mais viram o mundo da mesma maneira. Ter visto a vida de uma perspectiva infinita – mesmo que apenas uma vez – mudou suas vidas para sempre.

Apenas seis barcos de nomes incomuns eram resistentes o suficiente para sobreviver a todas essas corredeiras. Eles eram: *Generosidade, Ética, Paciência, Perseverança, Concentração e Sabedoria.* Mas só o barqueiro que praticava a atenção plena tinha a capacidade de enxergar de forma clara o suficiente através do vento e da chuva para navegar naquelas águas turbulentas e atravessar o rio.

Veja a seguir outra história de desejos carinhosos. Ela surgiu a partir de uma história que meu marido contou para Allegra e Gabe sobre um veado imaginário que vivia na floresta atrás da nossa casa.

O CERVO FALANTE

Certa vez, ouvi uma história sobre um cervo falante com uma mochila brilhante e colorida, cheia de desejos carinhosos. Toda vez que qualquer pessoa, em qualquer lugar, tinha o desejo de que algo se tornasse realidade, o cervo falante descobria e colocava o desejo em sua mochila. Ele vivia na floresta logo atrás da nossa casa e, certa noite, depois que Seth e eu estávamos dormindo, o cervo parou e bateu na vidraça do quarto das crianças com o seu nariz molhado. Allegra acordou primeiro e depois acordou Gabe. Num piscar de olhos, eles estavam prontos para partir.

Eu mencionei que o cervo falante podia voar?

Com as crianças montadas em seu dorso, o cervo falante circulou por nossa casa, enquanto Allegra e Gabe procuravam por desejos na mochila para jogá-los sobre Seth e eu enquanto nós dormíamos. Todo desejo possível e imaginável estava lá dentro e eles encontraram os melhores. Após lançar desejos carinhosos sobre a nossa casa, Allegra, Gabe e o cervo falante foram levar desejos carinhosos para todas as pessoas, em todos os lugares. Foi um desafio encontrar o desejo perfeito para todos os seres do planeta, mas eles estavam à altura da tarefa. Desejos carinhosos choveram sobre escolas, cidades, estados, países, continentes, oceanos, lagos, rios, córregos, montanhas, colinas e vales, até que toda a Terra estivesse coberta por eles. Satisfeito com o belo trabalho e com o Sol à espreita no horizonte, o cervo falante levou voando seus ajudantes de volta para casa e viu, através da janela, quando eles deitaram de novo em suas camas. Ele estava cansado e pronto para dormir também. Mas antes de voar para longe, o cervo falante enfiou a mão no bolso para pegar o último punhado de desejos carinhosos, os que ele havia guardado para Allegra e Gabe.

Histórias de desejos carinhosos são uma forma de imaginação guiada, e as crianças adoram. Mas essa não é a única forma de enviar desejos carinhosos.

NÓS FAZEMOS BANDEIRAS DE DESEJOS CARINHOSOS...

Bandeiras de oração coloridas são penduradas do lado de fora das casas e templos em todo o Tibete para levar mensagens de amor, compaixão, bondade e paz para quem as vê e para todas as pessoas mundo afora. As bandeiras são amarradas nos beirais de casas e templos, ou costuradas em cordas que são, então, amarradas entre árvores. Cada corda tem cinco bandeiras, símbolos que representam qualidades positivas desenvolvidas através da prática da consciência plena. As cores das bandeiras são amarelo, verde, vermelho, branco e azul, e cada uma das cores representa um dos cinco elementos clássicos, terra, água, fogo, ar e céu. O vento carrega as orações daqueles que penduram as bandeiras para o mundo, trazendo felicidade, vida longa e prosperidade a todos. É fácil fazer bandeiras em casa com o mesmo sentimento das bandeiras tibetanas de oração mas sem a conotação religiosa. Converse com seus filhos sobre os valores positivos que gostariam de ver no mundo e os desejos carinhosos que apreciariam enviar para amigos, parentes, animais de estimação e outros seres vivos. Use lenços de pano de baixo custo, tinta de tecido, e peça às crianças que escrevam sobre os lenços palavras e desenhem imagens que representem suas esperanças para todos os seres vivos. Pendure as bandeiras feitas em casa ao ar livre e imagine que a cada brisa desejos carinhosos são levados da sua casa para as pessoas, lugares e coisas em todo o mundo.

NÓS IMITAMOS DESEJOS CARINHOSOS...

A professora de meditação Trudy Goodman ensinou-me este jogo e nós passamos uma manhã maravilhosa jogando charadas superpoderosas com uma turma de alunos do primeiro ano na Toluca Lake Elementary School, em Toluca Lake, Califórnia. Foi tão divertido que repeti o jogo inúmeras vezes desde então. Nesta brincadeira, as crianças podem atuar ou fazer mímica de desejos carinhosos como se tivessem superpoderes. Os alunos montam pilhas de baralhos de cartas com imagens que ilustram os superpoderes que acham ser mais impressionantes e que gostariam de ter. De um lado da carta, eles fazem um desenho e do outro lado escrevem o nome da qualidade, talvez coragem, reflexão, paciência, tolerância, bondade, entusiasmo, sensibilidade ou apreciação. Quando a pilha está pronta, nós jogamos um jogo de charadas em que um aluno pega uma carta fora do baralho e demonstra o superpoder, enquanto os outros alunos tentam adivinhar qual é.

NÓS GIRAMOS DESEJOS CARINHOSOS...

Assim como as bandeiras de oração tibetanas, as rodas Mani realizam simbolicamente os desejos carinhosos de quem as gira na direção de outras pessoas no mundo. Girar a roda é um gesto que inspira compaixão. No Tibete, rodas especiais Mani são colocadas em lugares favoráveis ao vento para serem giradas como moinhos de vento ou em rios, onde serão movidas pela corrente e giradas como rodas d'água. Para usar as rodas Mani de forma secular, imagine que as qualidades que são importantes para você e sua família estão impressas em rolos de papel fino e enroladas em torno do eixo da roda Mani. Conforme você a gira, imagine que está enviando essas qualidades para todos os habitantes do mundo.

NÓS ESCREVEMOS POEMAS SOBRE DESEJOS CARINHOSOS...

Ao compor poemas de desejos carinhosos, não há necessidade de as crianças se preocuparem com rima, métrica, estrutura, gramática, pontuação e ortografia. O importante é que sua imaginação seja encorajada a agir de forma livre. No início de cada capítulo deste livro, incluí poemas de desejos carinhosos que as crianças escreveram ao longo dos anos nas aulas de atenção plena. Aqui estão três dos meus favoritos.

Posso alcançar meus objetivos

Corajoso

Forte

E determinado a atingir

o que preciso

para ultrapassar problemas e falhas.

Eu gostaria que minha vida fosse sempre pacífica.

Eu desejo que minha vida seja bem-sucedida.

Eu desejo que minha irmã se acalme.

Eu desejo estar sempre em segurança.

Eu desejo que minha vida seja cheia de emoções.

Eu desejo ter uma lição de casa fácil.

Eu desejo ter muitos animais.

Eu desejo nunca ficar em apuros.

Quando desejos não são suficientes, a importância do trabalho comunitário

Meu primeiro pensamento ao ver o educador septuagenário Dr. Paul Cummins foi o seguinte: se um profundo compromisso em ajudar os outros faz você ficar tão em forma e elegante como esse homem, então eu quero participar. Eu conversava com ele, em seu escritório recheado de livros na New Visions Foundations, em Santa Mônica, Califórnia, sobre a construção de caráter por meio do trabalho comunitário, quando ele me contou uma história chamada "O jovem rapaz e a estrela do mar" (*The star thrower*), de Loren Eiseley. Cummins inclinou-se sobre a mesa coberta de papel e me contou sobre um poeta que, certa manhã, caminhava ao longo da praia durante a maré baixa. O poeta viu milhares e milhares de estrelas do mar encalhadas na costa, cozinhando ao sol. Se elas fossem deixadas na praia, certamente morreriam. À distância, ele viu um menino cavado a areia da praia. O menino inclinava-se para baixo, pegava uma estrela do mar e jogava-a de volta às águas. Quando o poeta chegou perto do menino, ele disse: "O que você está fazendo? Você não conseguirá salvar todas!" O rapaz se ajoelhou, pegou mais uma estrela do mar, lançou-a ao mar e disse: "Eu salvei esta." E jogou outra estrela ao mar: "E esta." E repetiu o ato uma a uma, até que, em pouco tempo, o poeta juntou-se a ele e juntos salvaram o maior número de estrelas do mar que puderam.[65]

É assim que as pessoas que fazem a diferença no mundo pensam e vivem. Bernie Glassman, organizador comunitário em Nova York, expressou o mesmo sentimento de maneira diferente quando disse: "Eu sei que é difícil acabar com o problema da falta de moradia, mas vou dedicar minha vida a tentar solucioná-lo."

---

[65] *The star thrower* é um ensaio de Loren Eiseley. Os detalhes da história são um pouco diferentes da forma como Paul contou, mas o espírito do ensaio de Eiseley permanece.

O Dr. Cummins, então, compartilhou um trecho da poesia *Birches* ("Vidoeiros"), de Robert Frost, para ilustrar esse ponto de vista:

A Terra é o lugar certo para o amor:

Eu não sei onde é possível que melhore.[66]

Cummins recostou-se na cadeira e olhou para mim, avaliando o efeito de suas palavras. Ele disse:

> *Não acho que o desenvolvimento do caráter possa ser ensinado intelectualmente – você pode tentar e é parte do trabalho –, mas precisa ser mais emocional e, se possível, experiencial. É por isso que o trabalho ou a ação voluntária comunitária tornam-se tão importantes. E, conforme pais testemunham o crescimento que ocorre em seus filhos através dos serviços à comunidade, isso lhes lembra do que realmente a educação é feita. Não é sobre as notas ou a faculdade em que você entrou, mas sobre que tipo de ser humano emergiu nesse processo, para quem você dirá "tchau" em um futuro nem tão distante quando seu filho entrar na faculdade.*

O Dr. Cummins pareceu melancólico por um momento. Como educador, ele disse "tchau" para muitos jovens. Ele me contou:

> *Os jovens sentem que seu futuro está drasticamente diminuído. Durante minha juventude, eu fitava o oceano e via um horizonte ilimitado. Hoje olho para ele e vejo fumaça, e sei que ele está cheio de plástico e de lixo. Aos 25 anos de idade, minha filha veio até mim e disse que ia para a universidade fazer estudos ambientais. Eu disse a ela que tenho sentimentos mistos sobre isso: estou obviamente orgulhoso,*

---

66 No original, "*Earth's the right place for love: I don't know where it's likely to get better.*"

mas também sinto certa tristeza, porque sei que ela vai para um campo onde vai experimentar nada além de desgosto. Ela disse: "Pai, eu sei que estamos condenados, mas vou fazer o que posso." Eu pensei: "Meu Deus, que coisa para uma jovem de 25 anos de idade dizer. Eu sei que estamos condenados como espécie e como planeta, mas vou fazer o que posso."

Esse é o valor do trabalho voluntário comunitário. Ele lhe dá a sensação de que você pode fazer algo, e, de fato, você pode. E, ironicamente, minha filha se sente cada vez menos deprimida nesse caminho de descobertas sobre o quão deprimente o estado do planeta realmente está. Por quê? Porque ela vê lugares onde ela pode ter pelo menos algum impacto. A dificuldade em ser um estudante do ensino fundamental ou médio é que você não acha que há algo que possa fazer sobre o problema. Para as crianças com consciência social, as coisas parecem estar ficando cada vez piores, e mesmo assim há sempre um adulto me dizendo o quão ruim as coisas estão e tentando me ensinar sobre serviço comunitário e estudos ambientais a partir de um livro didático. O que eles realmente estão me ensinando é sobre a ganância humana, o roubo, como os seres humanos têm estragado este planeta de forma irremediável e como muito disso não pode ser alterado... Mas, ao sair pelo mundo e estudar o meio ambiente, minha filha está se sentindo capaz de realizar algo, em vez de apenas ficar sentada dizendo "Puxa, não é horrível?", e ficando deprimida em seguida.

O Dr. Cummins fez uma pausa e respirou fundo.

Saí um pouco do assunto agora, mas essa é uma maneira longa de dizer que a ação é o antídoto primário da depressão e da alienação. As crianças correm o risco de se tornarem *tão deprimidas com o estado do mundo, que elas acabam sendo alienadas de si mesmas e dos outros. Mas então elas se tornam ativas e veem que podem fazer algo sobre isso. [E quando as crianças vão para a comunidade e realmente fazem alguma coisa,] elas quase que invariavelmente encontram pessoas comuns com a mão na massa, trabalhando em assuntos interessantes e elas se tornam heróis para as crianças. Essas pessoas trabalham em situações que são, por um lado, deprimentes, mas ainda assim o trabalho é inspirador e elas sentem que estão fazendo alguma coisa.*

Enquanto eu ia para o carro, pensei sobre as crianças que têm desafios na aprendizagem e dificuldades para resolver grandes problemas porque não têm a capacidade de quebrá-los em pequenas partes. Elas são como os salvadores de estrelas do mar na história do Dr. Cummins. Não há problema maior do que a vida do nosso planeta. E ele parece insolúvel. No entanto, quebrar um problema em pequenas partes e fazer a diferença em nível local faz com que problemas maiores e aparentemente insolúveis comecem a ser abordados. É pouco provável que uma criança sinta-se alienada quando ela está mudando o mundo com uma estrela do mar de cada vez e tem a possibilidade de começar com pequenos atos de bondade em sua própria casa.

AMIGO SECRETO DE NATAL

Na brincadeira clássica do amigo secreto de Natal, todos os participantes escrevem seu nome em uma tira de papel e a colocam em um chapéu ou uma cesta. Cada pessoa do grupo tira um nome da cesta e, secretamente, dá um presente para a pessoa cujo nome foi pego aleatoriamente.

Você pode adaptar o amigo secreto de Natal para um jogo de atenção plena para ser praticado em casa, na sala de aula ou com qualquer grupo de crianças ou adolescentes. O objetivo do jogo é que os participantes façam uma boa ação para a pessoa que tiraram. Essa boa ação pode ser tão simples como fazer um elogio a alguém, ajudar com um projeto ou fazer um desenho. Ao jogar com crianças pequenas, peça a elas que relatem suas boas ações depois de fazê-las. Elas irão se beneficiar de elogios e de reconhecimento. Ao jogar com crianças mais velhas, adolescentes e adultos, a pessoa que fez a boa ação pode compartilhá-la com o grupo, mas isso não é obrigatório. Nesta versão, pode ser que o beneficiário da boa ação não saiba quem ajudou, ou mesmo se foi ajudado. Com os adolescentes, especialmente, isso pode ser o maior presente que um amigo pode dar ao outro.

Educação cívica

Da perspectiva da atenção plena, não há maior confusão do que a crença de que estamos separados uns dos outros no planeta e do planeta em si. O antídoto para essa confusão é uma compreensão visceral da interconexão e da interdependência. Mais uma vez, tudo se resume a ter uma visão clara. O lema encontrado no grande selo dos Estados Unidos diz tudo: *E Pluribus Unum*, "de muitos, tornar-se um".

Vários dos jogos e das atividades descritos nos capítulos anteriores levam as crianças na direção de uma experiência visceral de interconexão. Ter atenção plena no momento de comer uma uva-passa, soltar joaninhas e agradecer por tudo que recebeu até o presente momento são apenas três das muitas práticas que aprofundam a compreensão das crianças sobre essa verdade básica. Enquanto as crianças aprendem a identificar conexões entre as pessoas, lugares e coisas por elas mesmas, sua compreensão a respeito de outras verdades simples também começa a se desenvolver. Elas viram por si próprias a natureza mutável da vida e começam a compreender a impermanência. Elas aprendem a ver a experiência da vida dentro de uma estrutura de ações e consequências, e agora sentem a importância da bondade e da compaixão a partir da perspectiva da interdependência. Conforme as crianças começam a ver claramente as conexões entre essas simples verdades e a reconhecer como elas são tecidas através de sua própria experiência, assim como fios de seda na tapeçaria, elas se tornam mais capazes de entender como as coisas vivas dependem umas das outras.

Através do serviço à comunidade, lições cívicas ganham vida e podem ter um impacto visceral, do qual nenhum livro ou palestra jamais chegaria perto. Conforme o Dr. Cummins e a princesa gentil disseram, a verdadeira compreensão da educação cívica pode ser melhor alcançada quando as crianças unem-se à comunidade e fazem algo para ajudar outras pessoas. Aprender a servir é uma nova reviravolta nessa velha ideia de que os alunos precisam fazer mais do que ler sobre o serviço e falar sobre a comunidade para incorporar esses conceitos ao que fazem e dizem. Aprender a servir vai além da sala de aula e vai além do trabalho de campo, integrando-os em um único currículo. Parafraseando o autor J.B. Priestly, *não é o que é ensinado, mas o que é enfatizado* e, por meio do aprender a servir, o ato de arregaçar as mangas e começar a trabalhar é enfatizado na escola. As crianças aprendem melhor a importância do serviço pelo exemplo e a ação comunitária na escola é ótima, mas não há exemplo mais poderoso do que o de uma figura parental.

O compromisso com o serviço e a comunidade fundamenta e silenciosamente apoia todo o treinamento da atenção plena, e é essencial para outras tradições contemplativas. O Dalai Lama escreveu muitas vezes e de muitas maneiras que o caminho para a felicidade e paz interior se dá através do amor, da compaixão e da felicidade para o bem-estar dos outros.[67] Pesquisas recentes sugerem que essas qua-

---

[67] Ver: Sua Santidade o Dalai Lama & Howard C. Cutler, *A arte da felicidade: Um manual para a vida*, São Paulo, Martins Fontes, 2000; Clint Willis, *A lifetime*

lidades também promovem felicidade e bem-estar. O pesquisador Dr. Stephen Post dedicou sua vida profissional ao estudo da relação entre o altruísmo e a cura, e não é surpreendente que sua investigação, assim como as primeiras pesquisas sobre a atenção plena, novamente reforce o que pais, famílias, comunidades e contemplativos há muito tempo sabem por meio de suas experiências. Em sua extensa pesquisa sobre altruísmo e saúde, o Dr. Post escreveu sobre o impacto positivo da motivação altruísta e do comportamento dos adolescentes em sua saúde e bem-estar na vida adulta:

> *A geratividade adolescente (que é medida por três sub-escalas: capacidade de dar; competência pró-social; perspectiva social)[68] foi relacionada a três medidas de saúde psicológica na vida adulta posterior. Assim, os adolescentes generativos tendiam – cinquenta anos mais tarde – a se sentirem satisfeitos com a vida, em paz, felizes e tranquilos (ou seja, com boa saúde mental) e não tão deprimidos como adultos mais velhos. Cada uma das três sub-escalas [de geratividade] foram relacionadas positivamente à satisfação com a vida, mas apenas a competência pró-social e a perspectiva social foram correlacionadas com a saúde mental. Apenas a competência pró-social foi relacionada negativamente à depressão.[69]*

---

of wisdom essential writings by and about the Dalai Lama, Boston, Marlowe and Company, 2002; Bstan'dzin-rgya-mtsho, o 14° Dalai Lama, *An open heart: practicing compassion in everyday life*, Boston, Little, Brown, 2001.

68 As três subescalas do método California Adult Q-Sort são capacidade de doação, competência prosocial e perspectiva social. Ver: Stephen G. Post, *Altruism and health perspectives from empirical research*, Nova York, Oxford University Press, 2007, p.46.

69 Stephen G. Post, *Altruism and health perspectives from empirical research*, Nova York, Oxford University Press, 2007, p.46–49.

Voltar para o lugar onde começamos

A ação comunitária durante os tempos complicados em que vivemos nos obriga a gerir experiências externas cada vez mais difíceis e, para isso, precisamos da nossa própria força interior. Em seu livro *Felicidade: a prática do bem-estar*, o Dr. Matthieu Ricard escreveu sobre estudos que mostram que "as pessoas capazes de controlar suas emoções comportam-se de forma menos autocentrada do que aquelas muito emotivas". Quando confrontadas com uma situação desafiadora, grande parte do esforço das pessoas desse último perfil é voltado para lidar com suas próprias mentes, o que as deixa com menos energia física e mental para ajudar os outros.[70] Esses estudos servem como um lembrete gentil de que o caminho do serviço comunitário nos leva de volta à introspecção e ao lugar onde começamos. Como um círculo, não importa muito se estamos falando de serviço comunitário, ciência, inteligência emocional, cuidados de saúde, treinamento da atenção, educação, saúde mental ou simplesmente do desejo de ajudar nossos filhos, aquilo que nos inspira e nos atrai para a prática da consciência plena com crianças e suas famílias. Seja qual for a inspiração, é apenas uma das muitas rampas na mesma estrada circular de alta velocidade. Ninguém escreveu isso de maneira mais eloquente do que T.S. Eliot, em *Four quartets* ("Quatro quartetos"):

> *Não pararemos de investigar*
> *E o fim de toda nossa investigação*
> *Será chegar onde nós começamos*
> *E encontrar-se neste lugar pela primeira vez.*[71]

---

[70] Matthieu Ricard, *Happiness: a guide to developing life's most important skill*, Nova York, Little, Brown, 2006, p.208. Há edição brasileira para o título: Matthieu Ricard, *Felicidade: a prática do bem-estar*. São Paulo, Ed. Palas Athena, 2007

[71] No original: *We shall not cease from exploration*
And the end of all our exploring

A PRINCESA GENTIL – CONTINUAÇÃO

Voltamos à princesa gentil do capítulo 3, que, do trono de ouro da Academia da Sabedoria, falou para uma multidão extasiada de estudantes e moradores da cidade. Ela lhes ensinou que tudo, absolutamente tudo, é maior do que você pensa: seus amigos, sua cidade, seu país. As montanhas, os mares e os céus são todos maiores. Tudo é tão grande que nunca podemos realmente ver a paisagem completa. Mas o que podemos ver são as costuras, os pontos de união, os lugares onde as coisas se conectam. E é por perceber esses lugares, essas áreas em que as coisas se conectam, que começamos a desenvolver uma compreensão do todo.

A princesa gentil falou de tudo que havia aprendido enquanto seus professores e os alunos populares da escola achavam que ela estava sonhando acordada. Ela lembrou a todos sobre a importância do serviço comunitário: "A Terra se move em um círculo, a maré aumenta e diminui, e o mesmo Sol brilha sobre todos nós, por isso faz sentido cuidar bem do nosso planeta e de todos aqueles que vivem aqui."

Em seguida, compartilhou com o público um segredo importante, que mesmo aqueles que sabem a respeito muitas vezes esquecem: o segredo da felicidade é ser gentil com as outras pessoas e consigo próprio. "Ao ser gentil e ajudar outras pessoas, você cuida de si mesmo e, por cuidar e ser gentil consigo mesmo, você também ajuda os outros."

No último dia de sua palestra, enquanto a princesa gentil estava enviando desejos carinhosos, a coisa mais incrível aconteceu. Ninguém sabia, mas ela tinha desenvolvido superpoderes durante

---

Will be to arrive where we started
And know the place for the first time.
T. S. Eliot, *Complete poems and plays, 1909–1950*, San Diego, Harcourt Brace Jovanovich, 1952, p.145.

todo o tempo que passou sonhando acordada. A princesa gentil decolou em seu trono cheio de adornos e começou a voar. Depois de compartilhar o segredo da felicidade com todos os seus amigos e todas as pessoas no reino mágico, voou para longe. Ninguém nunca mais a viu. Mas, em minha imaginação, eu a vejo voando pelo céu escuro, noite após noite, pegando desejos carinhosos de dentro de uma grande mochila colorida e jogando-os pelo ar, assim como o cervo falante em nossa história de família. Os desejos carinhosos caíram sobre todos em sua escola, família, amigos, todas as pessoas, os pássaros, esquilos, insetos e todas as coisas vivas em todo o mundo. Que eles sejam felizes, que sejam saudáveis, que estejam em segurança, e que possam viver em paz com suas famílias e aqueles que amam.

Na minha imaginação, enquanto os desejos carinhosos da princesa sonhadora e gentil pairavam no céu sobre todo o mundo, esses mesmos desejos carinhosos caíram sobre você e eu.

Epílogo
A partir daqui, haverá dragões

QUE A LUZ SEMPRE SUBSTITUA A ESCURIDÃO
QUE O AMOR SEMPRE VENÇA O ÓDIO
QUE EU TIRE A NO MEU TRABALHO DE INGLÊS
MESMO ESTANDO TRÊS DIAS ATRASADO.

*Poema de desejos carinhosos,
aluno do ensino médio do programa Inner Kids*

Séculos atrás, os cartógrafos escreveram "Daqui para frente, haverá dragões" para marcar o ponto além do qual ainda havia necessidade de exploração. Para alguns, era o lugar onde o conhecimento empírico parava e, para outros, onde a aventura começava. Essa frase perdeu sua relevância depois que toda a geografia da Terra foi traçada, pelo menos em mapas do mundo material.

Mas, em grande parte, a mente humana é um território ainda desconhecido. Em laboratórios, salas de aula, hospitais, acampamentos de verão e escolas cristãs em todo o mundo, uma nova expedição começou. Dessa vez, os exploradores não estão carregando espadas e combatendo piratas, mas tirando os sapatos e sentando de pernas cruzadas no chão para meditar com crianças, adolescentes e suas famílias. Esse novo mundo é povoado por bebês, joelhos esfolados, risadas e leite derramado. E provavelmente teria enviado Long John Silver, o pirata vilão do livro *A ilha do tesouro*[72], de volta para seu navio pirata.

Praticar a consciência plena com crianças ainda é território inexplorado. Faço isso há bastante tempo e estive envolvida em pesquisas recentes suficientes para ter fé absoluta de que há novos mundos a serem descobertos. A jornada está apenas começando e espero que você a acompanhe. Caso faça isso, aqui está uma lista para a hora de montar a mala:

Encontre um amigo para acompanhá-lo
e veja seu círculo de amigos atentos crescer.

Inclua em sua lista membros da família
para também se juntarem a você.

Encontre um guia nativo que conheça o território, neste caso,
um professor de meditação.

Não esqueça seus mapas! Neste lugar,
seus mapas são os ensinamentos clássicos de atenção plena.

Acima de tudo, não tire os olhos da bússola – que pode ser encontrada dentro de você –, para descobrir um novo mundo que sempre esteve aqui.

---

[72] STEVENSON, Robert Louis, *A ilha do tesouro* (São Paulo, LP&M Editores, 2011)

Agradecimentos

Seria impossível agradecer a todos aqueles que contribuíram para este livro, porque isso significaria literalmente todos os que têm feito parte da minha vida durante a última década. Um sincero agradecimento a todos vocês, mas especificamente:

Minha família: Seth, Allegra e Gabe Greenland. Meus pais Bette e Paul Kaiser; minha irmã Catey Bolton e sua família; meu irmão Bill Kaiser; meus sogros, Rita Greenland, Leo Greenland e sua esposa, Eileen Greenland.

Meus professores formais: Ken McLeod, Ruth Gilbert e Yvonne Rand.

Meus professores menos formais: Trudy Goodman, Suzi Tortora, Janaki Symon, Marjorie Schuman, Gay Macdonald, Sue Ballentine e Paula Daschiel.

Meus melhores professores: meus alunos e filhos.

Aqueles que trabalharam no conselho da Inner Kids e seu conselho consultivo: Lisa Henson, Sue Smalley, Charles Stanford, Ken McLeod, Seth Greenland, Alan Wallace, Suzi Tortora, Adam Engle, Lonnie Zeltzer, Gay Macdonald, Paul Cummins, Jeffrey Schwartz, Daniel Siegel, Trudy Goodman, Theo Koffler, Jay Gordon e Miles Braun.

Aqueles a quem ensinei: Suzi Tortora, Trudy Goodman, Tom Nolan, Jeffrey Khoo, Tricia Lim, Diana Winston, Annaka Harris, Marv Belzer, Jenny Man-riquez, Adrienne Levin, Gene Lushtak, Daniel Davis, Stephanie Meyers, Cathy Heller, Yaffa Lera, Susan Ladd, Peri Doslu, Jeane Pissano, Ellis Enlo e Karen Eastman.

Aqueles que tornaram este livro possível: minha agente, Susan Rabiner, minha editora, Leslie Meredith, e a editora-assistente, Donna Loffredo.

Eu não poderia ter realizado este livro sem: Lisa Henson e os professores Steve Reidman, Dan Murphy, Jenny Manriquez e Annaka Harris.

Pesquisadores, inspirados pela prática de consciência da atenção plena com crianças, que se interessaram pelo programa Inner Kids: Sue Smalley, Lisa Flook, Michele Mietrus-Snyder, Jean Kristeller, Lonnie Zeltzer, Lidia Zylowska, Jenny Kitil e Brian Galla.

Aqueles que me ajudaram com o livro através de conversas ou lendo os primeiros rascunhos: Seth Greenland (cuja contação de histórias está presente ao longo de todo o livro), Gil Fronsdale, Sumi Loudon, Annaka Harris, Alan Wallace, Gioconda Belli, Lisa Flook, Antoine Lutz, Daniel Siegel, Jeffrey Schwartz, Trudy Goodman, Marjorie Schuman, Michele Mietrus-Snyder, Jean Kristeller, Jack Kornfield, Jon Kabat-Zinn.

Mulheres trabalhadoras que me apoiaram e continuam a apoiar sem medida: seria impossível nomear todas vocês, mas para mencionar algumas: Anna Mcdonnel, Judy Rothman Rofe, Lori Mozilo, Judy Meyers, Laurie Levit, Lauren White, Amy Spies-Gans, Nancy Kanter, Jane Wald, Alex Rockwell, Nancy Romano, Kristie Hubbaard, Melissa Bacharach, Leslie Glatter, Liz Dublemann, Carol Moss, Laura Baker, Jennifer Gray e Mary Gwynn.

---

1 Para dois livros excelentes e acessíveis sobre o ensino clássico da atenção plena e da respiração, veja *The Attention Revolution: Unlocking the Power of the Focused Mind*, de Alan Wallace, Boston, Wisdom Publications, 2006, e *Breath by Breath*, de Larry Rosenberg, Boston, Shambhala, 1999.

2 Nyanaponika Thera and Bhikku Bodhi, *Numerical Discourses of the Buddha: An Anthology of Suttas from the Anguttara Nikāya*, Walnut Creek (Califórnia), AltaMira Press, 2000, p.253.

3 Pouco tempo depois que comecei a meditar com minha família, Jon Kabat-Zinn e sua esposa, Myla KabatZinn publicaram um livro maravilhoso sobre atenção plena e vida em família chamado *Everyday Blessings: The Inner Work of Mindful Parenting*, Nova York, Hyperion, 1997.

Que muitos seres sejam beneficiados.

Para maiores informações sobre lançamentos de
livros budistas pela Lúcida Letra, cadastre-se em
www.lucidaletra.com.br

Impresso em outubro de 2019 na gráfica
da Editora Vozes, utilizando-se as
tipografias Bembo e Advent Pro.